NEALE DONALD WALSCH

Mein Buch des Lebens

arkana

NEALE DONALD WALSCH

MEIN BUCH DES LEBENS

Aus dem Englischen
von Susanne Kahn-Ackermann

arkana

Dieses Buch enthält den Text der Bände von Neale Donald Walsch:
Beziehungen. Wegweisungen für den Alltag
Rechtes Leben und Fülle. Wegweisungen für den Alltag.
Ganzheitlich leben. Wegweisungen für den Alltag
Sie sind erstmals 1999 im Verlag Goldmann Arkana erschienen.

Die Originalausgabe erschien 2010 bei Hampton Roads
Publishing Company, Inc.,Charlottesville, VA, USA,
bestehend aus den Einzelbänden:
Neale Donald Walsch on Relationships, Applications for Living
Neale Donald Walsch on Abundance and Right Livelihood
Neale Donald Walsch on Holistic Living. Applications for Living

FSC
www.fsc.org
MIX
Papier aus verantwortungsvollen Quellen
FSC® C014889

Verlagsgruppe Random House FSC-DEU-0100
Das für dieses Buch verwendete FSC®-zertifizierte Papier
EOS liefert Salzer Papier, St. Pölten, Austria.

1. Auflage
Deutsche Erstausgabe

Satz: Uhl + Massopust, Aalen
Umschlaggestaltung: UNO Werbeagentur, München
Umschlagmotiv: Corbis
Druck und Bindung: Friedrich Pustet KG, Regensburg
Printed in Germany
ISBN 978-3-442-34105-4

www.arkana-verlag.de

Inhalt

Einleitung

Dieses Leben ist so geheimnisvoll. Zumindest dem *Gefühl* nach. Es gibt so viel herauszufinden, so viel zu wissen, so viel zu verstehen. Und wenn wir es endlich verstehen, scheint es doch ganz *wenig* zu sein und gar kein Geheimnis…

Ich schildere Ihnen hier meine eigene Erfahrung vor und nach meinen Gesprächen mit Gott. In diesen Zwiegesprächen erfuhr ich alles, was ich über das Leben wissen mußte; und sie halfen mir so viel von dem zu verstehen, was ich nicht verstanden hatte. Als ich diesen Dialog als Buch veröffentlichte und Leute auf der ganzen Welt und in vielerlei Kulturen ihn zu lesen begannen, änderte sich für viele das Leben. Die in den insgesamt neun *Gespräche mit Gott*-Büchern enthaltenen Botschaften übten enormen Einfluß auf Millionen Menschen aus. Durch sie wurde alles ganz klar.

Bald wurde ich gebeten, auf dieses ursprüngliche Material näher einzugehen, meine Erfahrungen ausführlicher zu erläutern, sowie auch zu beschreiben, was ich *durch* diese Erfahrungen entdeckt hatte. Ich beschloß, mir die auf den 3000 Seiten meines ursprünglichen Dialogs enthaltenen Informationen vorzunehmen, sie Thema für Thema durchzugehen und tiefer zu erkunden. Das vorliegende Buch ist ein Ergebnis dieses Entschlusses.

Es ist eine Wiederveröffentlichung dreier Einzelbände, die ich vor über einem Jahrzehnt herausgebracht habe. Sie waren entstanden, nachdem sich im Januar 1999 eine Gruppe von etwa vierzig Personen in einem Haus bei San Francisco getroffen hatte, um gemeinsam mit mir zu erkunden, was die *Gespräche mit Gott* zu bestimmten Lebensthemen zu sagen haben. Ich vermittelte der Gruppe alle meine Erkenntnisse über das Material, das sich darüber in den Dialogen findet, und antwortete auf Fragen. Die positive Energie dieses Nachmittags war ein geradezu elektrisierendes Erlebnis und führte zu einem frei fließenden Strom wunderbarer Weisheit, der zu meiner Freude auf Video und Tonband aufgenommen wurde. Die Bände sind Transkriptionen dieses Ereignisses und wirken meiner Ansicht nach viel flüssiger und anregender als ein Text, der von vornherein für eine Buchpublikation konzipiert wird. Ihr Inhalt ist tragfähig, grundlegend und unerläßlich, wenn es darum geht, wirklich zu verstehen, wie sich die in *Gespräche mit Gott* enthaltene Weisheit im Alltagsleben *umsetzen* läßt. So hilfreich die ursprünglichen drei kleinen Bände sicher waren, habe ich das Material nun doch zu einem einzigen Band zusammengefügt, weil mir nach einigem Nachdenken die Erkenntnis kam, daß sie *zusammengenommen* einen ganzen Kurs ergeben; einen Kurs, in dem erklärt wird, wie wir ein angemessenes und gutes Leben führen können. Wie wir, zunächst mit anderen im unmittelbaren engeren Kreis, dann mit uns selbst und unserer Arbeit und am Ende mit der Welt im Ganzen harmonisch und liebevoll leben können.

Wenn es je Zeit für einen solchen Kurs war, dann jetzt. Die Welt steht am Rande ihrer nächsten größeren evolutionären Erschütterung – eines Geburtsvorgangs, wie die Zukunftsforscherin Barbara Marx Hubbard es ausdrücken würde –, die eine völlig neue Art und Weise des Menschseins hervorbringen wird. Und obwohl ich mich selbst nicht als »Experten« auf dem Gebiet der soziologisch-spirituellen Entwicklung innerhalb unserer Spezies betrachte, halte ich die hier angebotenen Richtlinien doch für mit die nützlichsten, praktischsten und wirkungsvollsten Werkzeuge, die sich finden lassen, will man ein besseres Leben führen. Dies ist meine Überzeugung, weil nicht ich die Quelle dieser Richtlinien bin. Diese Botschaften entstammen ausschließlich den in *Gespräche mit Gott* geführten Dialogen – ein Austausch, den ich als direkte Interaktion mit dem Göttlichen betrachte.

Sie müssen meine Ansicht jedoch nicht teilen. Wie ich in der Vergangenheit schon oft sagte, brauchen Sie nicht zu glauben, daß ich direkt mit Gott sprach (was wir übrigens alle jeden Tag tun), um Nutzen aus diesen Texten ziehen zu können. Sie brauchen lediglich einen aufgeschlossenen Geist und die Bereitschaft zu schauen, ob die hier präsentierten Ideen etwas taugen, indem Sie sie in konkreten Situationen anwenden und *austesten*.

Dazu lade ich Sie ein. Werfen Sie einen Blick auf das, was hier über drei Aspekte unseres Daseins – Beziehungen, Lebensführung und unsere Interaktionen mit der Welt im Großen und Ganzen – gesagt wird, prüfen Sie, ob irgendetwas davon für Sie einen Sinn ergibt; ob sich mit *irgendetwas* davon arbeiten läßt, ob es praktisch, nützlich und von Vorteil ist.

Natürlich glaube ich, daß dies für alles hier Angebotene gilt, denn sonst würde ich es Ihnen nicht vorsetzen, von meiner Einladung, ein ernst zu nehmendes Maß an Zeit auf seine Erkundung zu verwenden, gar nicht zu reden. Hier haben Sie es also: 3000 Seiten *Gespräche mit Gott* reduziert auf ein paar wichtige, hervorstechende Punkte und einige Beobachtungen darüber, wie man sie zum Funktionieren bringen kann. Ich vertraue darauf, daß Sie diese tiefergehende Begegnung mit den *Gesprächen mit Gott* spirituell verführerisch, persönlich aufregend und wunderbar nützlich finden werden.

TEIL I

Miteinander leben und kommunizieren

Hallo miteinander. Willkommen hier im Raum. Schön, Sie alle hier zu sehen.

Unser Thema sind die menschlichen Beziehungen, die Sache, mit der manche von uns so große Schwierigkeiten haben. Und wenn Sie ein paar meiner Schriften gelesen haben, wissen Sie, daß ich selbst zu denen gehöre, die beträchtliche Schwierigkeiten mit Beziehungen hatten – damit, sie zum Funktionieren zu bringen, sie andauern zu lassen, ja überhaupt sie zu etwas werden zu lassen, das irgendeinen Sinn in meinem Leben ergab.

Bis vor kurzem habe ich nie wirklich verstanden, wie Beziehungen funktionieren können, und was ihr Sinn und Zweck in meinem Leben ist. Und das lag daran, daß ich sie zumeist aus all den falschen Gründen einging.

Im großen und ganzen begab ich mich mit Blick darauf *in* Beziehungen, was ich *aus* ihnen herausschlagen konnte. Und ich bin mir nicht sicher, ob ich bereit gewesen wäre, das zuzugeben. Ich meine, ich hätte es wahrscheinlich nicht so formuliert, da ich mich nicht kennenlernen wollte. Ich hätte nicht gesagt: »Mann, was versuchst du hier für dich herauszuschlagen?« So hätte ich es nicht ausgedrückt. Ja, wahrscheinlich hätte ich das nicht einmal so gedacht. Aber in dem Moment, in dem ich von einer Beziehung nicht mehr das bekam, was ich mir vorgestellt hatte, fiel mir auf, daß ich eben auf das aus war. In dem Moment, in dem ich aus einer Beziehung nicht mehr das herausschlagen konnte, was ich mir vorgestellt hatte, wollte ich aus der Beziehung raus.

Und das ist das Muster, dem ich den größten Teil meines Erwachsenendaseins folgte. Ich verabschiedete mich aus Beziehungen, in denen ich nicht bekam, was ich haben wollte. Können Sie mir folgen? Und ich ging immer wieder neue Beziehungen ein, nachdem ich mich aus anderen davongemacht hatte. Sehr rasch. Ich war also ein Serienmonogamist. Eine Beziehung nach der anderen, immer auf der Suche nach der richtigen und perfekten Gefährtin, die mir endlich Erfüllung bringen konnte. Die vielleicht endlich zu sehen vermochte, wer ich wirklich war, und mich glücklich machen konnte.

Nun, ich war bereit zu einem fairen Handel. Ich war durchaus willens, mich in einer bestimmten Weise zu zeigen, die mich für eine andere Person attraktiv machen konnte. Ich wußte, wie man das Spiel spielt. Und nach ein paar gescheiterten Beziehungen wußte ich auch, oder glaubte zu wissen, wonach andere in einer Beziehung suchten. Ich arbeitete sehr hart daran, ihnen das zu liefern – das war sozusagen meine Handelsware. Zum Beispiel lernte ich, bestimmte Aspekte meiner Persönlichkeit zu unterdrücken, die für andere Personen unattraktiv waren, wie ich nach einer Reihe von gescheiterten Beziehungen entdeckt hatte.

Ich will Ihnen ein Beispiel geben, ein albernes Beispiel, aber ich glaube, daß es mir gerade deshalb so im Gedächtnis haften blieb. Ich war eine Weile mit einer Frau zusammen, und ich glaubte, sie sei die Liebe meines Lebens. Und tatsächlich *war* sie für die Zeit unseres Zusammenseins die Liebe meines Lebens. Sie kennen das alte Lied: »Wenn ich nicht der nahe bin, die ich liebe, dann liebe ich die, der ich nahe bin«? Ich weiß, keiner von Ihnen hat je dieses Spiel gespielt...

Ich hatte also eine Beziehung mit dieser wunderbaren Frau. Ich war sehr verliebt oder dachte, ich wäre es. Eines Abends gingen wir ins Theater. Es war einer unserer ersten gemeinsamen öffentlichen Auftritte in der Welt der Gesellschaft. Sie wissen schon. Wir sehen uns also dieses Stück an – es war eine Komödie –, und ich begann zu lachen.

Nun habe ich zufälligerweise ein sehr lautstarkes, dröhnendes Lachen. Wenn ich lache, hören es alle im Raum, ganz anders als bei den meisten von Ihnen, die Sie zumindest bei solchen Gelegenheiten nicht sehr laut lachen würden. Dieses zwerchfellerschütternde Lachen ist einfach ein Teil von mir, das ist keine Absicht, das ist einfach so.

Okay. Da sitze ich also und breche in brüllendes Gelächter aus. Die Schauspieler lieben das natürlich, weil so ein Lachen ansteckend ist und dann Leben in die Bude kommt. Sie sind begeistert, wenn sie so jemanden im Publikum sitzen haben. Aber die Lady neben mir, in die ich so verzweifelt verliebt war (und ich sage absichtlich verzweifelt – ich war verzweifelt *über* meine Liebe zu ihr), sank immer mehr in sich zusammen, je mehr ich lachte. Ich kann sie noch heute vor mir sehen, wie sie neben mir sitzt und versucht, sich in Luft aufzulösen. In der Pause fragte sie: »Mußt du denn so lachen?« Und ich entsinne mich, daß ich dachte: »Was meint sie damit?« Ich war mir nicht einmal bewußt, was ich machte. Mir war nicht bewußt, daß ich sie mit meinem Lachen in Verlegenheit brachte; daß sie sich wegen dieses so dröhnend lachenden Kerls, mit dem sie gekommen war, genierte.

Und ich erinnere mich noch an mein tiefes Verlangen, alles zu tun, um sie vom Verlassen des Raums abzuhalten. Sie wissen, was ich meine? Ich meine das bildlich gesprochen, ich meine, sie sollte im Raum meines Lebens bleiben.

Übrigens möchte ich nebenbei erwähnen, daß ich den Großteil meines Lebens damit zubrachte, die Leute dazu zu bringen, daß sie im Raum bleiben. Dafür tat ich alles. Oder fast alles. Bleibt hier. Bleibt. Verlaßt nicht den Raum. Was kann ich tun, um euch dazu zu bringen, daß ihr dableibt? Welchen Teil von mir kann ich weglassen, um euch dazu zu bringen, daß ihr hierbleibt? Egal welchen, ich lasse ihn weg. Alles, was zählt, ist, daß ihr im Raum meines Lebens bleibt.

Und ich kann Ihnen gar nicht sagen, wie viele Tänze ich aufgeführt habe – und das nicht einmal zu meiner eigenen Musik. Sie legen die Platte auf, und ich tanze. Und genau das habe ich auch an jenem Abend im Theater getan.

Es beginnt also der zweite Akt, und Neale sitzt im Publikum. Es fallen ein paar komische Sätze, ein paar Gags, und Neale tritt in Aktion... ha... (gurgel)... Ich sitze da und versuche mein Lachen zu unterdrücken. Beim dritten Akt hatte ich es schließlich geschafft. Beim dritten Akt hatte ich »ha, ha, ha, ha«, in »hi, hi...« verwandelt. Und in dieser Weise lachte ich dann einige Jahre lang. Ich lachte ein Nichtlachen, wie ich es zu nennen pflegte, bis jemand sagte: »Fehlt dir was? Bist du okay?«

Das war in einem Workshop von Dr. Elisabeth Kübler-Ross. Sie ertappte mich bei diesem Lachen. Sie hatte etwas Komisches gesagt, und ich saß in der ersten Reihe. »Was ist los mit Ihnen?« sprach Sie mich an.

»Nichts. Ich fand das komisch.«

»Warum haben Sie das dann nicht herausgelassen?« fragte sie.

Und ich erwiderte: »Was meinen Sie? Ich habe doch gelacht.«

Sie: »Nein, das haben Sie nicht. Warum lassen Sie dieses Lachen nicht heraus? Und wenn wir schon dabei sind, warum lassen Sie nicht auch den Schmerz heraus? Den Schmerz, der dadurch entsteht, daß Sie im Innern den zurückhalten, der Sie wirklich sind?«

* * *

Mir war also bewußt, was ich im Austausch geben mußte oder geben zu müssen meinte, damit ihr meinen Raum nicht verlaßt. Und ich tat alles, was meiner Meinung nach nötig war, um den Raum immer voll zu haben. Doch das wurde zum großen Rätsel für mich. Denn hier war ich und tat so viel, doch der Raum leerte sich dennoch. Sie verließen den Raum trotzdem, bis ich schließlich aufschrie: »Was wollt ihr? Was braucht es, damit eine Beziehung funktioniert?«

Ich kriegte nicht einmal mit, was ich da eigentlich machte, mir war nicht klar, daß ich einen Tauschhandel betrieb: »Ich sag dir was. Ich lache nicht mehr so, wenn du nicht mehr so hustest. Ich werde nicht mehr in dieser Weise essen, wenn du nicht mehr vergißt, den Zahnpastaverschluß zuzuschrauben.« Na ja, oder was immer es war, womit wir gehandelt haben. Dieser Handel erstreckte sich leider auch auf sehr viel umfassendere Dinge.

Da war ich also bei diesem Handelsabkommen gelandet. Am 14. Februar suchte ich nach einer Valentinskarte, fand aber keine, auf der zu lesen stand: »Ich handle dich sehr. Mein Gott, wie ich dich handle. Und ich handle dich ewig.« Tatsache ist, ich spielte Handel. Dies wußte ich immer dann, wenn die andere Person nicht mehr mit dem rüberkam, was mir meiner Ansicht nach zustand. Das war unser Abkommen: Ich gebe dir dies, und du gibst mir das. Und wenn ich nicht mehr erhielt, was ich meiner Meinung nach bekommen sollte, stieg ich aus der Beziehung aus. Oder in manchen Fällen verließen die anderen den Raum, wenn sie nicht mehr bekamen, was ihnen ihrer Ansicht nach zustand.

Ich kapierte einfach nicht, was nicht stimmte, bis wieder eine ganze Reihe mir wichtige Beziehungen in die Brüche ging. Dann führte ich meine außergewöhnliche Unterhaltung mit Gott, und Gott sagte: »Neale, Neale, Neale, du siehst ganz eindeutig nicht, was hier vor sich geht. Erstens einmal gehst du aus den falschen Gründen eine Beziehung ein. Du gehst sie um der Dinge willen ein, die du aus ihr herausholen kannst. Und bist auch durchaus zu einem Tauschhandel bereit. Aber als das siehst du sie eben auch an – fast als eine geschäftliche Transaktion. Und du verstehst den Sinn und Zweck einer Beziehung nicht. Denn diese hat nichts mit dem zu tun, was du deiner Meinung nach aus ihr herausholen kannst, sondern alles damit, was du deiner Wahl nach in sie hineinsteckst. Aber es geht nicht darum, daß du *das als Mittel betrachtest, um dann zu bekommen, was du haben möchtest,* sondern darum, daß du etwas in sie hineingibst, um wahrnehmen zu können, *wer du wirklich bist.*

Versichere dich also, daß du bei dem, was du in eine Beziehung einbringst, authentisch bist. Und verleugne nie, nicht für einen Augenblick, dein wahres Ich. Und wenn dein wahres Ich nicht ausreicht oder nicht attraktiv genug ist, um diese Person im Raum zu halten, dann laß sie gehen. Denn es wird eine Person in den Raum deines Lebens eintreten, die dein authentisches Ich genügend attraktiv findet. Und wenn sie in Reaktion auf deine Authentizität in den Raum kommt, wird sie bleiben, weil du ihr nichts vorspielen mußt, um sie zum Bleiben zu bewegen. Und damit kann der Tanz ein Ende finden.«

Das änderte für mich alles. Meine gesamten Erfahrungen hatten plötzlich eine neue Bedeutung für mich, weil ich nun zumindest verstand, was ich da machte.

Und ich begriff auch, daß eine Beziehung an sich die wichtigste Erfahrung ist, die wir uns erschaffen können. Und daß wir in Abwesenheit von Beziehungen nichts sind. Ohne Sie bin ich gar nichts. Das wußten Sie wahrscheinlich schon, als Sie hier hereinkamen. Sie setzten sich hin und sagten: »Ohne mich ist Neale gar nichts.« (Gelächter) Aber es ist wahr. Ohne Sie bin ich gar nichts. (Er weist auf verschiedene Personen.) Und ohne Sie bin ich nichts. Und ohne Sie bin ich gar nichts. Und das ist wahr, denn ohne die Erfahrung von Beziehung sind wir nichts. Auf dieser relativen Erfahrungsebene kann ich nur der sein, der ich in Beziehung zu etwas anderem innerhalb meines Erfahrungsbereichs bin. Ich meine, ich kann auf der Erfahrungsebene rein gar nichts über mich in Erfahrung bringen, wenn Sie nicht im Raum sind.

Gott verdeutlichte mir die Wahrheit dieser Aussage durch ein interessantes Beispiel. Er sagte: »Stell dir vor, daß du dich in einem völlig weißen Raum befindest – weißer Boden, weiße Decke, weiße Wände. Und stell dir vor, daß du wie durch Magie in diesem

Raum schwebst und nichts berühren kannst. Du hängst da mitten im Raum wie eine Christbaumkugel, die noch nicht einmal an einem Faden befestigt ist. Du befindest dich also in diesem Meer aus Weiß. Und stell dir vor, daß sonst gar nichts existiert. Was glaubst du, wie lange du auf der Ebene deiner Erfahrung von dir, des Erlebens deiner Person, existieren wirst?« Und in mir stieg die Antwort auf: »Wahrscheinlich nicht besonders lange, nicht sehr lange.«

Denn in der Abwesenheit von allem anderen bin ich nicht; nicht auf der Ebene der Erfahrung meiner selbst. Ich meine, ich bin, was ich bin. Aber ich kann nicht *wissen,* daß ich bin. Ich kann nur in Beziehung zu etwas anderem die Erfahrung machen, daß ich bin. Ohne eine solche Beziehung kann ich nichts über mich in Erfahrung bringen.

Wenn aber jemand in diesen weißen Raum käme und auch nur einen winzigen Tintenfleck an die Wand malte, so groß zumindest, daß ich ihn als kleinen schwarzen Punkt wahrnehmen könnte, dann würde ich plötzlich in diesem Maße existieren. Zum ersten gäbe es dann ein »Da drüben« und ein »Hier«. Ich würde anfangen, mich in bezug zu diesem anderen Ding zu definieren, in diesem Fall dem Punkt an der Wand. Ich würde mir vorstellen, daß ich ein Ding bin namens... Vielleicht würde ich ein Wort äußern, das wie »grö-ß-er« klingt.

Möglicherweise hätte ich sogar die Kühnheit zu sagen, daß ich in Hinblick auf den Punkt an der Wand »klü-g-er« bin. Manchmal denke ich nicht, daß ich sehr viel klüger bin als ein Punkt an der Wand, aber allgemein gesprochen bilde ich mir doch ein, es zu sein. Auf diesen Punkt bezogen bin ich vielleicht schneller oder langsamer oder »mehr dies« oder »mehr das«, Sie verstehen.

Wenn Sie nun eine Katze in diesen Raum bringen, erfahre ich mich plötzlich auf sehr viel umfassendere Weise, weil das, was jetzt auch im Raum existiert, viel größer als der Punkt an der Wand ist. Ich beginne nun, alle möglichen Vorstellungen über meine Person zu entwickeln. Vielleicht ist die Katze weicher als ich, vielleicht bin ich älter als die Katze oder was auch immer. Sie sehen also, ich fange an, mir auf Grund dessen, was oder wer sich in meinem Umfeld befindet, einen Begriff von mir zu machen. Von daher sind Beziehungen – ich spreche nun vom Bereich des Relativen, in dem wir in physischer Form existieren –, sind also Beziehungen zu anderen Menschen, Orten und Dingen nicht nur wichtig, sie sind lebensnotwendig. Und in der Abwesenheit unserer Beziehung zu allen Dingen sind wir nicht, erfahren wir keine Existenz.

Und so kann ich allmählich den Grund verstehen, warum die Beziehung überhaupt existiert – meine

Beziehung zu diesem Tisch, zu diesem Glas Wasser und zu Ihnen, die Sie hier mit mir diese Zeit und diesen Ort teilen. Und durch diese meine Beziehung zu Ihnen lerne ich mich nicht nur selbst kennen, erkenne ich mich nicht nur selbst, sondern – und das ist der Trick – *definiere* ich mich auch buchstäblich selbst. Damit will ich sagen: In Beziehung zu dem, der du bist, definiere ich mich und *erschaffe* in diesem Sinn *den, der ich bin, aufs neue.*

Und nun kommt eine interessante Wendung. Letztlich kann ich mich nicht als irgend etwas neu erschaffen, das du nicht bist. Das heißt: Ich kann in mir nur sehen, was ich bereit bin, in dir zu sehen. Und das, was ich in dir nicht zu sehen vermag, werde ich auch nie in mir finden, weil ich gar nicht weiß, daß es existiert. Von daher kann ich in mir erst dann die Göttlichkeit finden, wenn ich die Göttlichkeit in dir suche, entdecke und erkenne beziehungsweise *wiedererkenne.* Und in dem Maße, wie ich die Göttlichkeit in dir nicht wiederzuerkennen und zu erfahren vermag, kann ich sie oder irgend etwas Gutes auch nicht in mir erkennen. Übrigens auch nichts Schlechtes, was das angeht. Denn nichts kann dort existieren, was nicht hier existiert.

Wir stellen also fest, daß die Beziehung in unserem Leben einen einzigartigen Platz einnimmt, nicht nur einen wichtigen, sondern einen unersetzlichen

Platz. Sie können die Beziehung durch nichts ersetzen, denn sie ist die einzige Erfahrung im Leben, die Ihnen eine Erfahrung von sich selbst bringt. Und wir sprechen nicht nur von Ihrer Beziehung zu Menschen, sondern auch zu Orten, Dingen und sogar Ereignissen – von Ihrer Beziehung zu den Begebenheiten in Ihrem Leben.

Wir alle haben eine Beziehung zu den Umständen und Ereignissen unseres Lebens. Und durch unsere Beziehungen, die ganz und gar von uns selbst erschaffen werden, erfahren, verkünden, erklären, bringen wir zum Ausdruck, werden wir die, die wir wirklich sind.

Wenn wir verstehen, welchen heiligen Raum die Beziehungen in unser aller Erfahrungswelt einnehmen, begreifen wir die Erfahrung von Beziehung in der Tat – nicht nur in Gedanken, nicht nur mit Worten, sondern *in der Tat* – als etwas Heiliges. Und damit verändern sich unsere mit den Beziehungen verknüpften Handlungen auf dramatische Weise.

Als erstes entdecken wir das Geheimnis, das ich vorhin erwähnte: die Tatsache, daß ich nur das in mir sehen kann, was ich in dir sehe. Und so besteht unsere vorrangige Funktion in einer Beziehung darin, tief in den anderen hineinzuschauen und in ihm die großartigste Vision zu erblicken, die ich mir vorstellen kann. Und ich helfe dem anderen dabei, diese

Vision zu verwirklichen. Partner sollten also nicht bestrebt sein, voneinander zu nehmen, sondern danach trachten, einander zu geben und den jeweils anderen zu befähigen, sein oder ihr wahres Wesen zu erfahren und zum Ausdruck zu bringen, weil wir erkennen, wie entscheidend wichtig dies ist. Und wir begreifen, daß das tatsächlich der eigentliche Grund für die Existenz aller Beziehungen ist.

Plötzlich verwandelt sich unser Sinn in einer Beziehung völlig. Wir versuchen nicht mehr herauszufinden, was wir aus einer Beziehung herausholen können, sondern wollen wissen, was wir geben können. Was können wir unterstützen und fördern? Was können wir erschaffen? Was können wir zur Verwirklichung bringen, wirklich werden lassen? Sie wissen, wie man ein Auto »aufpoliert«? Dasselbe können Sie auch mit Menschen machen. Bringen Sie sie einfach ein bißchen zum Leuchten und Glänzen. Wenn Sie ihnen helfen, sich zu verwirklichen, wird daraus letztlich höchste Selbstverwirklichung.

Und das ist das Geheimnis, das ich Ihnen heute anvertrauen möchte. Viele Leute möchten sich selbst verwirklichen. Und sie meinen, daß sie das dadurch erreichen, daß sie irgendwo still für sich sitzen. Schließlich heißt es ja Selbstverwirklichung. Also sitzen wir allein und still in einem Kämmerlein, vielleicht bei Kerzenlicht und sanfter Musik. Und vielleicht geben wir ein paar interessante Töne von uns, »ohhhmmm« oder so, Sie wissen schon. Was immer es ist, was wir da tun, es mag auch gut für uns sein, doch wenn wir glauben, daß wir uns auf diesem Wege selbst verwirklichen, und das um so mehr, je mehr Stunden wir darauf verwenden... dann haben wir diese große Weisheit nicht verstanden, die besagt, daß wir hier sind, um füreinander dazusein.

Letzten Endes gelangen wir nicht allein zur Selbstverwirklichung. Wir erlangen sie, wenn wir das Selbst, so wie wir es in einem anderen sehen, verwirklichen. Deshalb machen wahre Meisterinnen und Meister nichts anderes als herumzureisen und andere Menschen sich selbst zurückzugeben. Sind Sie jemals von einer lebendigen Meisterin oder einem lebendigen Meister »gesehen« worden? Hielten Sie sich jemals in der Gegenwart einer Person auf, die Sie als spirituellen Meister betrachten, oder kamen ihm oder ihr zumindest so nahe, wie uns das in diesem Leben möglich ist? Waren Sie jemals mit einer Person im gleichen Raum, die daran arbeitet, diese Meisterschaftsebene zu erlangen? Wenn ja, dann haben Sie sicher bemerkt, daß sie die meiste Zeit damit verbringt, Meisterschaft in Ihnen zu sehen. Sie sieht sie an, sie schaut in Ihre Augen und sieht Sie so, wie Sie selbst sich nicht einmal in Ihrer Phantasie sehen. Und Sie fragen sich, warum *Sie* sich nicht so sehen, wie diese Person Sie sieht. Und *sie* fragt sich dann, warum Sie sich nicht selber sehen. (Gelächter)

Wenn wir eine Beziehung auf diese wunderbare Weise angehen, transformieren wir unsere ganze Erfahrung von uns selbst und unsere Erfahrung mit den von uns geliebten Personen. Plötzlich wollen wir nichts mehr *von* ihnen – wollen ihnen nun alles geben. Und wir sind bestrebt, ihnen alles zu geben, was wir für sie sind, ohne etwas im Austausch dafür zu brauchen.

Nun, um hier keine Mißverständnisse aufkommen zu lassen, das bedeutet keinesfalls, daß wir ihnen erlauben, uns als Fußabtreter zu benutzen. Das heißt nicht, daß wir irgendwie das Opfer in einer gestörten Beziehung sein sollen. Das ist nicht gemeint. Das Leben verlangt nicht von uns, daß wir mit jemandem im gleichen Raum bleiben, der uns mißbraucht.

Es bedeutet aber, daß wir, wenn wir anderen in vollem Maße von uns geben, uns die Erfahrung einer Liebe erlauben, die keine Bedingungen kennt. Nicht einmal dann, wenn wir sagen: »Ich treffe die Wahl, nicht mit dir zusammenzuleben.« Sehen Sie, eines Tages werden wir sogar einen Weg finden, uns ohne Bitterkeit »voneinander zu trennen«, wie wir es nennen.

Eines Tages werden wir imstande sein, uns anzusehen und zu sagen: »Ich nehme zur Kenntnis, daß jetzt unsere gemeinsame Zeit ihr Ende gefunden hat. Daß nun für uns der Augenblick gekommen ist, uns weiterhin ohne Bedingungen zu lieben, uns weiterhin einander die Geschenke zu machen, die wir zu geben haben, doch dies nun über die Distanz eines Raumes oder einer Straße oder die halbe Erdkugel hinweg. Denn auf physischer Ebene befinden sich bestimmte Verhaltensweisen nicht mehr in Einklang mit der Art und Weise, wie ich meiner Wahl nach mein Leben leben möchte. Und das bedeutet nicht, daß ich dich nicht liebe.«

Eines Tages werden wir imstande sein, diese Wahrheit auszusprechen, ohne am anderen einen Fehler finden oder ihn zur Rechtfertigung unserer Wahrheit zum Schurken machen zu müssen. Wenn wir dahin gelangen, können wir auch die liebevollen und dauerhaften Beziehungen erschaffen, nach denen wir uns so sehr sehnen, weil diese Beziehungen dann plötzlich nicht mehr an irgendwelche Bedingungen geknüpft sind und auch keine Grenzen mehr kennen.

Ich sage Ihnen das, was ich über die besten Beziehungen und darüber, wie sie funktionieren, weiß. Erstens einmal sind es Beziehungen, die keine Bedingungen kennen. Es gibt keine Einschränkungen. Denn auf wirkliche Liebe – auf wahre, echte Liebe – gegründete Beziehungen sind Beziehungen, die ganz und gar frei sind.

Freiheit ist die Essenz dessen, was und wer Sie sind. Freiheit ist die Essenz der Liebe. Die Worte *Liebe* und *Freiheit* sind austauschbar. Das gilt auch für das Wort *Freude*. Freude, Liebe, Freiheit – Liebe, Freiheit, Liebe, Freude. Sie alle bedeuten dasselbe. Und die menschliche Seele kann in dem Maße nicht voller Freude sein, wie sie in irgendeiner Weise eingeschränkt oder begrenzt wird.

Deshalb trachten wir, wenn wir einen anderen Menschen lieben, niemals danach, ihn in irgendeiner Weise einzuschränken oder zu begrenzen. Die Liebe sagt: »Ich wähle für dich das, was du für dich wählst.« Wenn ich sage: »Ich wähle für dich, was *ich* für dich wähle«, dann liebe ich dich nicht. Dann liebe ich mich *durch* dich, weil ich bekomme, was ich will, statt dafür zu sorgen, daß du bekommst, was du willst. Die höchste Ironie hierbei ist, daß du mich in dem Moment, in dem ich sage: »Ich wähle für dich das, was du für dich wählst«, nie verlassen wirst. Denn wir suchen ja alle nach einer Person, die uns das haben läßt, was wir vom Leben haben wollen.

Die ganze Welt ist doch darauf aus, uns nicht haben zu lassen, was wir vom Leben haben wollen, angefangen bei unseren Eltern: »Nein, das kannst du nicht haben.« Dann geht es weiter mit den Lehrern in der Schule: »Im Unterricht darfst du nicht essen.«

In unseren Teenagerjahren setzt sich dies fort, wenn unsere erblühende Sexualität in uns den Wunsch nach etwas Bestimmtem weckt, und die Welt alles daran setzt, uns beizubringen, daß diese bestimmte Sache etwas Ungehöriges ist. Oh, was für ein Urteil wir auf diesem Planeten mit unserem irrsinnigen sexuellen Zeug angerichtet haben. Wahnsinn!

Und weiter geht es in den frühen und auch noch späteren Jahren unseres Erwachsenendaseins, in denen die Welt sich gegen uns verschwört und sagt, daß wir nicht das haben können, was wir wirklich wollen. Ich meine, da gibt es Frauen, die zu ihrem Mann gehen und sagen: »Schatz, da ist dieses Quiltseminar, da kann man lernen, wie man Quilts anfertigt. Es dauert sechs Wochen und findet jeden Dienstagabend statt. Ich würde gerne daran teilnehmen.« Und diese Ehemänner sagen doch glatt »Nein«. Können Sie sich das vorstellen? Doch es kommt vor.

»Archie, es ist doch nur ein Quiltseminar.«

»Erstick den Wunsch, Edith. Erstick daran.«

Können Sie sich noch daran erinnern? Die ganze Nation lachte über diesen miesen TV-Charakter Archie Bunker, weil die halbe Nation sich in ihm erkannte. Und es war ein verlegenes Lachen.

In einer Beziehung, die sich auf den echten Ausdruck von wahrer Liebe gründet, gibt es nicht nur kein Problem, wenn eine Frau ihren Mann fragt, ob sie an einem Quiltseminar teilnehmen kann, sondern auch dann nicht, wenn sie ihn fragt: »Kann ich mit Harry zum Lunch ausgehen? Und übrigens Liebling, du heißt nicht Harry.« Ihr Mann, wir wollen ihn Mike nennen, erwidert: »Du möchtest mit Harry zum Lunch ausgehen? Geh mit Harry zum Lunch. Ich liebe dich genug, um für dich zu wollen, was du für dich willst.«

Falls Harry irgendwie daran denken sollte, Mike diese Frau auszuspannen, kann er es so ziemlich vergessen. Die Anzahl von Frauen, die einen Mike verlassen, der ihnen die Freiheit läßt, sich selbst zum Ausdruck zu bringen, ist äußerst gering. Doch sehr viele Frauen werden den Mike sofort verlassen, der sagt: »Du kannst nicht mit Harry zum Lunch ausgehen – und ich will, daß du seinen Namen nie wieder in diesem Haus erwähnst! Denk nicht mal daran – was ist überhaupt in dich gefahren? Ist dir nicht klar, daß du zu mir gehörst? Du bist meine Frau.«

Übrigens tun auch Frauen das ihren Männern an. »Was ich sagen wollte, Liebling, ich würde gerne mit Matilda zum Lunch ausgehen.« »Kommt nicht in Frage.« Ich führe hier ein albernes und abwegiges Beispiel an, um die Sache zu verdeutlichen. Das Leben wird Ihnen in Hülle und Fülle Gelegenheiten bieten zu demonstrieren, wer Sie wirklich sind.

Liebe sagt nie nein. Wissen Sie, woher ich das

weiß? Weil Gott nie nein sagt. Und Gott und Liebe sind Synonyme. Gott würde nie nein zu Ihnen sagen, ganz gleich, worum Sie bitten. Auch dann nicht, wenn Gott dächte, daß Sie das, was Sie erbitten, in Schwierigkeiten bringen wird. Eine Matilda oder ein Harry oder irgend etwas anderes. Sehen Sie, Gott sagt nie nein, weil Gott klar ist, daß Sie letztlich nicht wirklich in Schwierigkeit geraten können. Das heißt, Sie können sich nicht so schädigen, daß Sie zu existieren aufhören. Sie können sich nur weiterentwikkeln und wachsen und immer mehr zu der oder dem werden, die oder der Sie wirklich sind. Also sagt Gott zu uns: »Ich wähle für dich, was du für dich wählst. Und ich fordere dich dazu auf, das auch mit jenen zu tun, die *du* liebst.«

Wachen Sie also auf. Ich möchte, daß Sie alle aufwachen. Denn Sie sollen wissen, daß Sie die Tendenz haben einzuschlafen, sobald Sie mit etwas konfrontiert werden, das Sie nicht hören wollen. Sie schlafen buchstäblich gleich da auf Ihrem Stuhl ein. (Gelächter) Natürlich meinen Sie, das hätte mit etwas anderem zu tun als mit dem, was der da sagt. Sie meinen, daß Sie nur einfach müde sind. Doch das ist der Mechanismus des Unterbewußtseins, der einsetzt, wenn es sich mit Informationen konfrontiert sieht, die es nicht erhalten oder akzeptieren will. »Den Teil werde ich einfach verschlafen.« Passen Sie auf, denn die meisten von uns schlafwandeln durchs Leben. Passen Sie auf, daß Sie Ihr Leben nicht schlafwandelnd verbringen. Bleiben Sie wach! Sie kennen nicht die Stunde, in der Ihr Meister kommt.

Hier hat jemand eine Frage zu diesem schwierigen Beziehungsthema.

Neale, in Band 3 von Gespräche mit Gott *fragten Sie Gott nach der Institution der Ehe. Und... Gott sagte, daß sie von keinem großen Wert sei. Glauben Sie das?*

Nun, ich glaube, Sie haben das, was Gott hier sagte, nicht ganz richtig verstanden. Gott sagte nicht, daß die Ehe keinen Wert habe. Er sagte, daß die Ehe, so wie wir sie gegenwärtig konstruiert haben...

Die Institution der Ehe.

Ja, die Institution der Ehe, *so wie wir* als Gesellschaft *sie gegenwärtig konstruiert haben*, angesichts dessen, wohin wir unserer Aussage nach gelangen wollen, keinen Wert hat, nicht besonders tauglich ist. Damit meinte er aber nicht die Ehe an sich.

Was bezeichnet er aber mit »tauglich«? Tauglich für was? Tauglich in bezug zu was? Sehen Sie, Gott sagt, daß es so etwas wie richtig oder falsch nicht gibt, weil richtig oder falsch relative Begriffe sind. Ein Ding, das gestern richtig war, ist heute falsch, und umgekehrt. Das Leben hat uns das reichlich bewiesen.

Darauf brauchen wir hier nicht einzugehen. Jeder denkende Mensch begreift, daß richtig und falsch relative Begriffe sind. Und Gott verwendet die Begriffe richtig und falsch oder tauglich und untauglich im Hinblick auf das, was wir als Spezies und als Individuen für uns wählen.

Wir haben erklärt, daß wir für uns die Wahl treffen, daß die Ehe ein Ausdruck der höchsten Erfahrung von Liebe, zu der wir Menschen fähig sind, sein soll. Das haben wir gesagt. Dann machten wir uns daran, eine Institution der Ehe und eine Erfahrung von der Ehe aufzubauen, die genau das Gegenteil davon bewirkt – nämlich praktisch die niedrigste Form von Liebe, zu der die Menschen fähig sind. Eine Liebe, die besitzen statt befreien will. Eine Liebe, die einschränkt statt erweitert. Eine Liebe, die sich etwas aneignen statt loslassen will. Eine Liebe, die praktisch alles um sich herum kleiner statt größer macht.

Wir haben eine Ehepraxis erschaffen, die in sehr vielen Fällen nichts mit Liebe zu tun hat. Wir haben einen Behälter, ein Schneckenhaus, eine Art Kapsel erschaffen. Und so soll unsere Ehe sein. Wir wollen, daß sie eine Kapsel ist, die alles genauso in sich bewahrt, wie es in dem Augenblick war, als du »Ich liebe dich« sagtest, und die jeden genau an dem Ort festhält, an dem er oder sie sich in diesem ersten Augenblick befanden. Aber die Menschen und Ereignisse sind in Bewegung. Sie verändern sich. Das Leben ist eine Evolution. Und somit arbeitet die Ehe, so wie wir sie konstruiert haben, dem Lebensprozeß selbst entgegen, weil sie, so wie sie viele Gesellschaften und Religionen und Familientraditionen konstruiert haben, zu wenig Raum zum Atmen läßt.

Die Ehe wurde von diesen Gesellschaften, Religionen und Familien weitgehend als Minigefängnis benutzt, als eine Art vertragliche Vereinbarung, die besagt: »Alles wird jetzt und bis in alle Ewigkeit so sein, wie es in diesem Augenblick ist. Du wirst keine oder keinen anderen lieben, und du wirst schon gar nicht einer oder einem anderen deine Liebe so bezeugen, wie du sie mir bezeugst. Du wirst nur da hingehen, wo auch ich hingehe. Du wirst fast alles mit mir gemeinsam tun, und von heute an wird dein Leben in den meisten Bereichen zumindest bis zu einem gewissen Grad eingeschränkt sein.« Und so bewirkt die Ehe, die die Menschen befreien und ihre Lebensgeister stärken sollte, genau das Gegenteil. Sie grenzt sie ein und legt ihre Lebensgeister lahm.

Darin liegt die Ironie der Ehe, so wie wir sie geschaffen haben. Wir sagen »Ich will«, und von diesem Augenblick an dürfen wir weitgehend nicht mehr die Dinge wollen und tun, die wir wirklich gerne im Leben tun würden. Nun würden das nur sehr wenige Menschen in der ersten Verliebtheit und in der ersten Zeit nach ihrer Eheschließung zugeben. Zu diesen Schlußfolgerungen gelangen sie erst nach drei oder fünf Jahren oder im sprichwörtlichen »verflixten siebten Jahr«. Sieben Jahre später wird ihnen plötzlich klar, daß ihre Erfahrungen mit sich durch die Institution der Ehe im allgemeinen reduziert und *nicht* erweitert wurden.

Das gilt natürlich nicht für alle Ehen. Doch es gilt für viel zu viele. Ich würde sagen, es gilt für die Mehrheit der Ehen. Und deshalb haben wir eine so hohe Scheidungsrate. Der Grund ist nicht so sehr, daß die Partner einander müde geworden sind. Meistens sind sie der *Einschränkungen* und *Begrenzungen* müde, die die Ehe ihnen auferlegt zu haben scheint.

Bei der Liebe hingegen dreht sich alles um die *Freiheit.* Liebe ist ihrer Definition nach Freiheit. Liebe ist das, was frei ist und keine Begrenzung, keine Restriktion oder Bedingung irgendwelcher Art kennt. Ich denke also, wir haben hier eine künstliche Konstruktion um das aufgebaut, was am wenigsten künstlich ist. Liebe ist die authentischste Erfahrung im Rahmen menschlicher Abenteuer. Und wir haben sie unter unseren Konstruktionen erstickt. Deshalb ist es für Menschen so außerordentlich schwierig, verliebt, in der Liebe zu bleiben.

Wir müssen also die Ehe, wenn wir sie überhaupt beibehalten wollen, so umkonstruieren, daß sie besagt: »Ich erlege dir keine Beschränkungen auf. Es gibt keine Bedingung, die ausschlaggebend dafür ist, daß wir zusammenbleiben. Ich habe nicht den Wunsch, dich dazu zu bringen, daß du dich auf irgendeine Weise in deinem Selbstausdruck minderst. Tatsächlich soll diese Ehe, diese neue Form der Ehe, den Motor deiner Erfahrung antreiben – deiner Erfahrung, wer du wirklich bist und zu sein wählst.«

Diese neue Form der Ehe besagt auch: »Ich erkenne an, daß du, auch du, dich verändern wirst. Deine Vorstellungen werden sich ändern, dein Geschmack wird sich ändern, deine Wünsche werden sich ändern. Dein ganzes Verständnis von deinem wahren Wesen *sollte* sich verändern, denn wenn es sich nicht verändert, wirst du im Laufe der Jahre zu einer sehr statischen Person werden, und nichts würde mir weniger gefallen. Ich erkenne also an, daß der Evolutionsprozeß in dir Veränderungen bewirken wird.« Diese neue Form der Ehe wird nicht immer solche Veränderungen ermöglichen, aber sie wird dazu ermuntern.

Unsere alte Konstruktion der Eheinstitution ist angesichts dessen, was wir unserer Aussage nach tun und sein wollen, untauglich. Sie stellt keinen tauglichen Weg dar, um dahin zu gelangen. Und doch versuchen wir immer noch, mit dieser alten Konstruktion an unser Ziel zu gelangen.

Sogar manche traditionellen Ehegelübde (Gott sei Dank haben wir ein paar von ihnen im Lauf der Jahre abgeändert) sind seit Jahrhunderten in Begriffen von Eigentümerschaft abgefaßt und schufen gedankliche Konstruktionen, die auf keinen Fall dazu angetan sind, das zu unterstützen, was wahre Liebe ihrer Wahl nach erschaffen würde.

Die jungen Leute wissen das übrigens. Junge Menschen wissen das instinktiv, weshalb sie schon lange, und zunehmend seit den sechziger Jahren, einen Blick auf die Älteren warfen und sagten: »Wißt ihr, das kaufen wir euch nicht ab. Wir machen das nicht. Wir gehen diesen Weg nicht.«

So lebten sie einfach zusammen, was in den sechziger und siebziger Jahren noch Entrüstung hervorrief. 1958 bedeuete ein Zusammenleben ohne Trauschein einen Skandal. Aber bald machten das die jungen Leute überall und sagten: »Ihr könnt euch eure Vorstellung von der Ehe sonst wohin stecken, wir haben damit nichts im Sinn. Wir begreifen, daß Liebe den großartigsten Teil dessen, wer wir alle sind, nicht einschränkt, nicht besitzt, nicht vereinnahmt, sondern erweitert, losläßt und freisetzt.«

Und so war es im Grunde schon immer. Wann immer es in einer Gesellschaft zu größeren Veränderungen kam, waren es die Küken, die Kinder unter uns, die uns den Weg wiesen. Es waren nicht wir alten, grauhaarigen, verkalkten Trottel, sondern die Jungen unter uns, die sagten: »Wir kennen einen besseren Weg und können ihn euch zeigen. Und das werden wir jetzt auch tun.«

Bei all den gewaltigen Veränderungen, die der Übergang zum 21. Jahrhundert mit sich bringt, beobachten wir – und das ist das Lustige daran –, daß nun heute nicht nur die jungen Leute, die Teenager und jungen Erwachsenen, sondern auch die älteren und alten Leute ohne Trauschein zusammenleben. Die Sechzig-, Siebzig- und Achtzigjährigen schauen sich an und sagen: »Martha, die machen es so. Warum machen wir das nicht auch? Laß uns zusammenleben.« Und eine schockierende Anzahl von sechzig-, siebzig- und achtzigjährigen Frauen antwortet doch tatsächlich: »Ja, warum nicht?«

Nun, dies ist kein Argument gegen die Ehe. Lassen Sie mich das klarstellen. Hier wird nur untersucht, wie sich diese Institution durch unser Tun in der überwiegenden Mehrheit der Fälle auswirkt. Es gibt auch viele Ehen, die so liebevoll sind, daß in ihnen kein Gefühl von Bedingungen oder Einschränkung aufkommt. Meine Frau und ich kennen keine Einschränkung, und wir werden nicht zulassen, daß unsere Liebe den Bedingungen irgendwelcher spezieller Verhaltensmuster unterworfen wird. Es gibt nur ein Verhalten, das wir voneinander verlangen: »*Lebe authentisch.* Lebe deine Wahrheit. Und wenn du mich für irgend etwas liebst, dann dafür, daß ich meine Wahrheit lebe.« Begreifen Sie, was ich meine?

Ich sagte einmal etwas zu einer wunderbaren Frau, mit der ich verheiratet war, und mir wurde erst hinterher klar, was ich da eigentlich gesagt hatte. »Weißt du«, sagte ich eines Tages ganz spontan zu ihr, »mit dir zusammenzuleben ist so, wie wenn man allein lebt.« Für mich bedeutet das ein großartiges Kompliment. Denn ich bin am authentischsten, am meisten ich selbst, wenn sonst niemand da ist. Dann springe ich vielleicht aus dem Bett und laufe nackt herum, geh im Adamskostüm in die Küche oder hüpfe in den Pool. Ich rede vor mich hin, sage bestimmte Sachen oder singe vielleicht. Ich mach einfach Dinge, *bin* einfach so, wie ich mir einbilde, nur sein zu können, wenn ich ganz allein bin.

Wenn Sie also mit einem wirklich wundervollen Menschen zusammen sind, werden Sie erfahren, dass das Zusammensein mit dieser Person so ist, als wären Sie allein.

So eine Person kann Sie sich selbst zurückgeben: »Weißt du, wie ich dich am meisten liebe?«

»Nein. Wie?« fragen Sie.

Und sie antwortet: »Genau so, wie du dich jetzt zeigst.«

»Du meinst, übergewichtig und all das? Dröhnendes Lachen und alles?«

»Ich liebe dich nicht trotz, sondern wegen deines Lachens. Ich liebe dich nicht trotz, sondern wegen der Fehler, die du zu haben glaubst.«

Das ist Liebe. Alles andere ist eine Fälschung.

Wissen Sie übrigens, was Fehler sind? Falscher Anschein, der sich als Wirklichkeit ausgibt, ist ein Fehler, soviel ist sicher. Aber der Grund dafür ist Angst. Ich hielt mich immer für eine Person, die mit all diesen Fehlern behaftet war, und deshalb konnte ich keine Beziehung zum Funktionieren bringen.

Ich dachte immer, wenn ich mich nur von diesen Fehlern befreien könnte, dann könnte ich mich als ein Päckchen präsentieren, das die anderen erträglich finden würden, wenn sie sich schon nicht daran erfreuen konnten. Ich dachte, ich hätte alle diese Fehler, denn alle diese Leute in meinem Leben, zuweilen auch meine Eltern, hielten mir immer meine Fehler vor. Und dann traf ich vor Jahren auf eine Lehrerin, die mir die Augen öffnete. »Zieh die Möglichkeit in Betracht«, sagte sie, »daß deine größten Fehler deine größten Vorzüge sind, nur daß die Lautstärke ein kleines bißchen zu heftig ist. Zieh die Möglichkeit in Betracht, daß die Dinge, wegen derer sich die Leute in dich verliebten, genau die Dinge sind, die sie manchmal auch an dir abstoßend finden, weil du die Lautstärke ein bißchen zu sehr aufgedreht hast. Und so kann es sein, daß das, was deine Freunde vielleicht als deine unerträgliche Aufschneiderei bezeichnen, wenn sie sagen: ›Er ist einfach zuviel‹, auch genau die von ihnen gesuchte Eigenschaft ist, wenn es um die Frage geht: ›Wer ist der Anführer, wer kann uns aus diesem Schlamassel herausholen? Neale ist der Anführer, er ist derjenige, welcher. Deshalb mögen wir dich so sehr, Neale.‹«

Ich bin ein sehr spontaner Mensch. Wenn also die Leute jemand Spontanen haben wollen, jemanden, der sich mit einem Fingerschnippen etwas einfallen lassen und in den Raum werfen kann, dann heißt es: »He, Neale.«

Das ist aber auch der Aspekt von mir, den sie als »unverantwortlich« bezeichnen. Meine Unverantwortlichkeit ist also meine Spontaneität, die einfach um ein oder zwei Grad zu laut aufgedreht ist. Und so sagte diese Lehrerin zu mir: »Neale, es geht nur darum, daß die Lautstärke manchmal ein bißchen daneben ist. Radiere nicht einfach alles aus. Versuche nicht, das an dir zu ändern. Verleugne diesen Aspekt deiner Persönlichkeit nicht. Dreh nur die Lautstärke ein ganz kleines bißchen runter und nimm zur Kenntnis, daß es für alle Aspekte deiner Persönlichkeit eine angemessene Lautstärke gibt, die dich in jedem Augenblick akzeptabel macht. Und manchmal mußt du diese Lautstärke aufdrehen und manchmal mußt du sie leiser stellen.«

Ist das nicht eine wunderbare Betrachtungsweise? Und jetzt muß ich nicht mehr denken, daß ich dieser Mensch mit allen diesen Fehlern bin. Ich habe ganz einfach alle diese großartigen Eigenschaften, die manchmal ein bißchen zu stark aufgedreht sind. – Aber nicht mehr so oft.

Eine wahre Beziehung sieht und weiß das alles. Eine wahre Beziehung hat eine ganz neue Grundlage, welche besagt: »Ich sehe in dir, was ich meiner Wahl nach in mir sehe. Ich gebe dir, was ich meiner Wahl nach selbst empfangen möchte.« Und eine wahre Beziehung sagt auch: »Was ich dir nehme oder nicht erlauben möchte, das nehme ich mir selbst weg. Ich kann mir nicht selbst etwas erlauben, das ich dir nicht gestatte.«

Unsere Herausforderung besteht also in der Frage: Können wir ohne Bedingungen in einer Beziehung leben? Können wir in einer Beziehung leben, in der wir nicht nein, sondern einfach ja zueinander sagen? Können wir eine Beziehung nutzen, um der großartigsten Liebe, die wir uns je vorstellen können, Ausdruck zu geben? Lieben wir die von uns geliebte Person genug, um jene drei magischen Worte auszusprechen? Nicht: »Ich liebe dich.« Diese Worte sind, offen gesagt, ein bißchen überstrapaziert. Ich meine jene drei magischen Worte in jeder Beziehung: *Wie du wünschst.*

Wie *du* wünschst.

Wenn wir bereit sind, das zu sagen, dann haben wir die Menschen wirklich sich selbst zurückgegeben. Solange wir nicht bereit sind, das zu sagen, benutzen wir unsere Beziehung mit einem anderen nur dazu, das zu bekommen, was wir zu brauchen meinen, um glücklich zu sein. Sie haben eine Frage...

Nun, es gibt da natürlich eine Million Fragen. Aber dies ist ein Thema, das ich zu meinem Lebensinhalt gemacht habe. Ich gebe schon seit einigen Jahren Seminare zum Thema Beziehungen. Und ich bin seit vielen Jahren verheiratet und habe das, worüber Sie sprechen, lange Zeit erfolgreich gelebt. Im Moment lebe ich es allerdings nicht erfolgreich. Wir haben in unserer Ehe enorm viel Freiheit, die auf eine Erklärung gegründet wurde, die wir zu Beginn unserer Ehe abgaben und die besagte: Unsere Beziehung funktioniert; sie macht einen Unterschied, und alles trägt dazu bei. Ich ging also davon aus, daß nicht unbedingt alles, was passierte, in mein Bild passen mußte; daß was auch immer geschah, Teil dessen war, was mir diente. Und das funktionierte auch, selbst dann, wenn es nicht so aussah, wie ich es gern haben wollte. Ich sah, daß meine Fähigkeit, mit diesen Herausforderungen zu arbeiten, mein Beitrag zur Welt sein konnte.

Wo liegt also das Problem?

Nun, das Problem ist, daß wir irgendwie in einen Machtkampf verstrickt sind, aus dem wir nicht herauskommen. Ich kann nicht sehen, wie wir da herauskommen können. Ich weiß also gar nicht, was ich fragen soll. Ich weiß nur, daß ich meinen Mann zutiefst liebe. Und er liebt mich ebenfalls aus tiefstem Herzen.

Sie sind also in diesen Machtkampf verstrickt. Dazu möchte ich Ihnen etwas sagen, das vielleicht fast ein bißchen herzlos klingt: Na und? Warum ist das für Sie nicht in Ordnung? Was soll an dem Zustand, daß Sie sich »in einem Machtkampf« befinden, nicht okay, nicht in Ordnung sein?

Ich gründe einen Großteil meiner gegenwärtigen Unzufriedenheit auf das, was ich nicht von der Beziehung bekomme. Und so ist dieses Gespräch dar-

über, daß man nicht darauf aus sein soll, von einer Beziehung etwas zu bekommen, und daß ich nur schauen soll, was ich in eine Beziehung hineingeben möchte, das Samenkorn, das ich bislang aus diesem Morgen mitnehme. Ich höre, was Sie sagen. In unserer Beziehung erfahren wir zu wenig Liebe. Im Grunde ist da eine tiefe Liebe. Und wenn wir uns ergeben, geschieht es oft, daß wir fast aus uns heraustreten, beieinander sind, und ich habe das Gefühl, daß wir endlich aus dem Boxring herausgekommen sind. Wir sind wie zwei Boxer – wenn der Gong ertönt, halten sie sich aneinander fest. Da ist dieser Moment von Liebe, denn wir lieben einander zutiefst. Und wir sind einander ebenbürtig. Und das heißt, daß wir uns auch in diesem Machtkampf gewaltig ebenbürtig sind, und das macht mich fertig. Wenn dieser Moment kommt, in dem wir uns nicht in diesem Kampf befinden, dann gibt es da dieses Erkennen von Partnerschaft und Liebe, von dieser transzendenten Verbundenheit. Doch im Alltag tun wir einander sehr weh.

Na, dann hören Sie damit auf.

Wie soll ich das machen, ohne mich einfach nur Bedingungen anzupassen, die für mich nicht funktionieren?

Passen Sie sich nicht Bedingungen an, die für Sie nicht funktionieren. Hören Sie einfach auf, aus der Tatsache ein Problem zu machen, daß Sie sich weigern, sich anzupassen. Passen Sie sich einfach nicht an. Ich will Ihnen ein einfaches Beispiel geben. Sagen wir, jemand... sagen wir, meine Frau beschließt, mit dem Rauchen anzufangen. Sie raucht gegenwärtig nicht und ich auch nicht, aber ich möchte dieses einfache Beispiel nehmen, damit wir dies alle irgendwie verstehen können.

Okay, das wäre großartig.

Also, meine Frau kommt mit einem Päckchen Zigaretten nach Hause und sagt: »Oh... ich wollte dir mitteilen, daß ich mit dem Rauchen anfange.« Nun, ich könnte ein Problem damit haben. Nicht mit ihr per se, denn meine Frau ist immer noch die, die ich liebe. Aber jetzt ist sie meine Frau, die Raucherin. Und ich könnte Schwierigkeiten haben, mich an dieses Verhalten anzupassen.

Ich kann mich nun schlicht und einfach weigern, mich an dieses Verhalten anzupassen. Aber ich kann das tun, ohne sie ins Unrecht zu setzen, ohne ein Problem aus der Tatsache zu machen, daß ich mich nicht anpasse, ohne diese Weigerung zwischen uns kommen zu lassen. Ich kann einfach sagen: »Ich liebe dich so wie immer. Aber für mich funktioniert es nicht, wenn du in meiner Gegenwart rauchst. Deshalb gehe ich jetzt aus dem Zimmer. Genieße deine Zigarette. Und übrigens, da du darauf bestehst, ständig im Haus zu rauchen, werde ich wahrscheinlich auch aus dem Haus ausziehen, weil ich mich nicht in einem Haus aufhalten mag, das voller Zigarettenrauch ist. Ich liebe dich. Ich liebe dich von Herzen so wie immer, und ich werde jetzt das Haus verlassen. Ich liebe dich.«

Wenn meine Frau nicht sehr entwickelt wäre – was sie aber ist –, könnte sie nun erwidern: »Willst du damit sagen, daß du das Haus verläßt, nur weil ich rauche? Und du willst behaupten, daß du nicht versuchst, mich ins Unrecht zu setzen?« Und ich würde antworten: »Ich verstehe, daß du vielleicht das Bedürfnis hast, mir zu sagen, daß ich dich ins Unrecht setze, aber ich erlaube mir nur ganz einfach, meine authentische Wahrheit zu leben. Ich liebe dich, und ich nehme zur Kenntnis, daß du jetzt rauchst. Und für mich funktioniert ein Zuhause ohne Zigarettenrauch. Wenn du also vorhast, weiterhin in diesem Haus zu rauchen, dann werde ich woanders leben. Und ich werde dich von irgendwoanders her lieben müssen.«

Okay, das verstehe ich.

Meist haben die Probleme, die die Leute dazu bringen, in einen Machtkampf einzutreten, mit Zeit, Verfügbarkeit und den Aktivitäten des anderen zu tun. Mit anderen Worten, du verbringst nicht genügend Zeit mit mir, oder du befaßt dich mit Aktivitäten, die mir mißfallen. Und darüber befinden wir uns im Clinch. Ich möchte Ihnen noch ein Beispiel geben: Plötzlich verwandelt sich Ihr Ehemann in einen Workaholic. Während er in den ersten drei Ehejahren viel Zeit mit Ihnen verbracht hat, ist er nun immer seltener zu Hause. Jetzt sind Sie sieben oder acht oder zehn Jahre verheiratet, und Sie machen fast nichts mehr gemeinsam. Darüber treten Sie nun in einen Machtkampf ein, weil Sie versuchen, Kontrolle über seine Zeit auszuüben.

Also sagen Sie zu Ihrem Mann: »Weißt du, ich möchte, daß du wenigstens drei von vier Wochenenden zu Hause verbringst. Ich will nicht, daß du ständig unterwegs bist oder immer an anderen Orten, um irgendeinen großartigen Film zu drehen, oder unentwegt über deiner Arbeit brütest, oder was immer sonst du tust. Du schenkst mir überhaupt keine Aufmerksamkeit.« Sie würden das vielleicht nicht genau mit diesen Worten sagen – das heißt, einige sehr, sehr ehrliche Menschen würden das vielleicht tun, aber die meisten würden sich anders ausdrücken. Sie würden nicht direkt damit herausplatzen und sagen:

»Die Wahrheit ist, ich will deine Aufmerksamkeit. Ich will deine Zeit.« Und so kommt es zum Machtkampf.

Vielleicht versucht es der Partner dann mit einem problematischen Handel: »Okay, ich werde nur noch ein oder zwei Wochenenden im Monat unterwegs sein.« Sie treffen eine Vereinbarung, und wenn er dann in einem Monat doch drei Wochenenden weg ist, fängt er an, sich schuldig zu fühlen. Er fängt an, das Gefühl zu haben, daß er unter dem Pantoffel steht, fängt an, sich *kontrolliert* zu fühlen, Unmut und Groll kochen in ihm hoch, und bald kommt es wieder zum Machtkampf: »Was für ein Recht hast du, mir zu sagen, was ich mit meiner Zeit tun soll?«

Ich würde mich mit meiner Partnerin nie auf einen solchen Machtkampf einlassen. Wenn sie etwas täte, irgend etwas, mit dem ich nicht einverstanden bin oder das für mich nicht funktioniert, dann würde ich ganz einfach sagen: »Weißt du, du kannst tun, was du möchtest. Aber ich muß dir sagen, daß es sich hier auf meiner Seite nicht gut anfühlt, wenn du drei von vier Wochenenden weg von mir und weg von diesem Zuhause bist. Es ist okay, wenn du das tun möchtest, aber du sollst wissen, was ich tue, wenn du das weiterhin über lange Zeit hinweg machst. Ich werde mir jemand anderen suchen, mit dem ich meine Wochenenden verbringen kann.

Das ist keine Drohung. Ich versuche nicht, dir damit eins über die Rübe zu geben. Ich sage dir nur, was für mich funktioniert. Ich möchte gerne mit jemandem zusammensein. Ich möchte gerne die Tage und die Zeit meines Lebens mit einer geliebten Person verbringen, und es ist in Ordnung, wenn du die Wahl triffst, nicht diese geliebte Person zu sein. Also tu, was du möchtest und wie dir beliebt. Und da gibt es keinen Groll, keinen Zorn und keinen Aufruhr. Und laß mich dir sagen: Wenn ich mir diese geliebte andere Person aussuchen könnte, würde ich dich wählen. Deshalb trage ich diesen Ring am Finger. Du mußt in diesem Augenblick nicht die gleiche Wahl treffen, aber ich möchte dich wissen lassen, daß du meine erste Wahl bist. Aber ich möchte dich auch wissen lassen, daß ich noch *eine zweite Wahl habe* und eine dritte und vierte.«

Nun, es handelt sich hier um einen einfachen und unkriegerischen Informationsaustausch. Es geht nur um »Ich habe dich verstanden«. Es geht einfach nur um das, »was so ist«. Ich teile das auf liebevolle, offene und freimütige Art mit, so wie es Menschen machen sollten, die sagen, daß sie einander lieben. Das ist offen und ehrlich meine Wahrheit. Das ist es, was es darüber zu sagen gibt. Und jetzt, da wir alle die Fakten kennen, können wir auch eine Wahl treffen, die sich auf diese Informationen gründet.

Ich sage damit nicht, daß ich schon jemanden in der Hinterhand habe, der bereit ist einzuspringen, sobald meine Partnerin sich auch nur den kleinsten Fehltritt leistet, sie sich also sehr in acht nehmen sollte. Ich sage hier vielmehr, daß es Optionen gibt für den Fall, daß sie sich auf Dauer dazu entscheidet, ein Verhalten an den Tag zu legen, das in meinem Leben einfach nicht funktioniert; dasselbe gilt übrigens auch für sie, wenn ich auf Dauer ein Verhalten an den Tag legen sollte, das in *ihrem* Leben nicht funktioniert. Meine Reaktionsmöglichkeit auf dieses Verhalten ist nicht darauf beschränkt, daß ich es einfach nur akzeptiere. Das muß ich nicht tun. Und ich sage ihr ganz offen und ehrlich, daß ich wahrscheinlich hinsichtlich meiner künftigen Lebensführung ein paar Neuregelungen vornehmen muß, sollte sie sich auf Dauer für dieses Verhalten entscheiden. Dazu könnte auch gehören, daß ich einen anderen einlade, für mich zu sorgen und mit mir all die vielen Dinge zu teilen, die ich mit ihr zu teilen hoffte.

Sehen Sie, es gibt keinen Machtkampf, wenn man nicht um die Macht kämpft. Es gibt einfach nur diese beiden Personen – oder zumindest eine von beiden (denn es braucht zwei für den Tango) –, die sich aus dem Kampf zurückziehen und zum Ort ihrer eigenen Macht zurückkehren, indem sie sich erlauben, das zu sein, zu tun und zu haben, was sie wählen, ohne den anderen ins Unrecht zu setzen.

»Wähle das, was du wählst. Triff die Wahl, zu rauchen. Wähle, was immer du wählst, und ich wähle, was ich wähle.« Das erlaubt nun Nancy, ein Werturteil zu fällen. Ist ihr das Rauchen wichtig genug, um zuzulassen, daß sich ihre Beziehung zu mir dahingehend verändert, daß ich nicht mehr im Raum bin, ja nicht einmal mehr das Haus mit ihr teile? Und sie wird dieses Werturteil fällen. Sie wird entweder weiterhin rauchen und damit demonstrieren, daß ihr das Rauchen so wichtig ist, daß sie diese Veränderung in unserer Beziehung zuläßt, oder sie wird mit dem Rauchen aufhören. Sie wird ihr Verhalten ändern. Nicht, weil ich sie dazu zwinge, sondern weil sie aus *freien Stücken und eigener Kraft die Wahl trifft,* zur Kenntnis zu nehmen, daß sie über die Kontrolle ihres Verhaltens auch kontrollieren kann, was sich in ihrem Leben ergibt.

Sehen Sie den Unterschied?

Ich habe verstanden. Vielen Dank.

Bitte. Aber so reagiert die Liebe. Die Liebe kämpft nicht um die Macht. Niemals.

Hier ist noch eine Frage...

Neale, worin besteht für Sie persönlich die größte Herausforderung in einer Beziehung?

Meine größte Herausforderung in einer Beziehung ist die Transparenz – sichtbar zu bleiben. Selbst nach all den Jahren mit derselben wunderbaren Gefährtin gibt es noch immer diesen kleinen Moment der Angst. Was, wenn sie dies herausfindet? Was, wenn sie jenes herausfindet? Dann wird sie mich nicht mehr lieben. Wenn sie erfährt, daß ich fünftausend Dollar auf dem Aktienmarkt investiert und verloren habe, und ich habe ihr es nie erzählt; oder daß ich eines Nachmittags einfach hinging und ein Auto kaufte.

Das war das große Ding, das ich vor Jahren abzog. Ich fuhr die Straße entlang und bog auf ein Gelände ein, auf dem viele Autos standen – neue Autos. Und ich sah einen Wagen, den ich wirklich, wirklich haben wollte. Und ich sagte: »Ich nehme ihn.« Einfach so. Ich kaufte den Wagen innerhalb von zwanzig Minuten. Und ich machte mich mit ihm auf den Heimweg. Und unterwegs dachte ich – es ist wirklich lächerlich –, aber ich dachte damals: »Wie kann ich dieses Auto vor meiner Frau verstecken?« Ich wußte, daß sie es früher oder später herausfinden mußte. Wahrscheinlich noch vor dem Abendessen. »Wessen Auto steht da in der Auffahrt?« Aber ich dachte tatsächlich (ich retardierte zum Sechstkläßler): »Wie kann ich es hinauszögern, daß sie es erfährt?« Und dann dachte ich: »Das ist doch verrückt.« Ich nahm das Handy, rief sie an und sagte: »Komm raus, wenn ich vorfahre, ich muß dir etwas zeigen.« – »Wovon redest du?« fragte sie. Und ich sagte: »Ich habe gerade ein Auto gekauft.« (Schluck)

Ich glaube also, daß Transparenz für mich die größte Herausforderung in einer Beziehung ist, sogar in einer Beziehung mit einer Person, der ich mein Leben anvertrauen würde. Ich vertraue meiner Frau wirklich mein Leben an. Ich vertraue der Bedingungslosigkeit ihrer Liebe. Und ich mache mir immer noch Sorgen, was geschieht, wenn ich absolut klar und offen bin und ganz und gar ehrlich in bezug auf jedes Gefühl, jeden Gedanken, jede Idee, jede Erkenntnis, jedes Mißverständnis und jedes einzelne Ding, das ich tue. Und ich sage Ihnen, woher das meiner Meinung nach kommt. Ich glaube, daß meine Angst vor Transparenz in einer Beziehung von einer uralten Angst vor Gott herrührt. Und ich hatte natürlich die Vorstellung, daß Gott mich für all das bestrafen würde.

Übrigens sollte ich Ihnen sagen, daß ich diese Vorstellung noch heute habe. Irgendwo gibt es noch diesen winzigen Aspekt meines Wesens. Ungeachtet all dessen, was ich erfuhr, was in diesen erstaunlichen Bänden von *Gesprächen mit Gott* steht, habe ich zuweilen noch Nächte, in denen ich mich unruhig im Bett herumwälze und denke: »O Mann, was, wenn ich das alles erfinde? Ich meine, was, wenn ich mich total irre? Was, wenn ich Millionen Menschen in die Irre geführt habe – über Gott? Junge, Junge, wenn ich mich irre, dann wird es mir Gott aber geben.«

Dann muß ich Gott gegenüber transparent werden und sagen: »Weißt du, Gott, falls ich mich irren sollte, dann vertraue ich darauf, daß du weißt, daß ich das nicht wollte. Ich meine, ich wollte niemanden absichtlich in die Irre führen. Und wenn auch nur noch ein Funken Erbarmen in dir übrig ist, dann sieh mir das nach.«

Verstehen Sie? Nun, ich weiß, das ist ganz und gar nicht der Gott, der wirklich existiert. Dies ist der Gott meiner Phantasie, der Gott meiner Angst. Und ich denke, daß wir unsere tiefe Angst davor, daß wir von einer Gottheit verurteilt und mißverstanden und bestraft werden könnten, auf andere Menschen in unserem Leben übertragen: auf unseren Ehemann, unsere Ehefrau, auf die von uns geliebten Personen, auf unseren Chef, auf all die Menschen, die in unserem Leben einen wichtigen Platz einnehmen. Darum besteht meine größte Herausforderung in einer Beziehung darin, daß ich von den Menschen, mit denen ich eine mir wichtige Beziehung habe, so denke, wie ich jetzt von Gott denken möchte: als meinem besten Freund. Ich möchte eine Freundschaft mit Gott haben, und ich möchte eine Freundschaft mit meiner Frau und mit allen mir lieben Personen haben, eine Freundschaft von der Art, daß ich, mental wie physisch, nackt vor ihnen stehen und sagen kann: »Das ist es – da ist nichts verborgen, da gibt es keine versteckten Motive. Das ist *alles*, was da ist.« Das ist meine größte Herausforderung, und ihr stelle ich mich jeden Tag.

Neale, ich möchte gerne wissen, wie sich das mit dem Spiegeln in einer Beziehung verhält – daß man das, was man an der Person, mit der man zusammen ist, nicht mag, im Grunde an sich selbst nicht mag. Könnten Sie kurz dazu etwas sagen?

Wissen Sie, es gibt im Grunde nicht mehr viel, was ich an anderen Personen nicht mag, weil ich schon vor langer Zeit lernte, daß das, was ich da drüben sah und nicht mochte, nur etwas ist, das ich hier auf meiner Seite sah und nicht mochte. Und in den letzten Jahren bin ich dazu gelangt, alles an mir zu mögen. Ist das nicht erstaunlich? Ich meine, das ist wahrscheinlich schwer zu glauben, wenn Sie da sitzen und mich anschauen, aber es ist tatsächlich so, daß ich jetzt sehr viel an mir mag. Ich mag meine äußere Erscheinung. Ich mag meine Haltung und Einstellung. Ich mag meine Ideen. Ich mag meine Verschrobenheit. Ich mag meine Spontaneität. Ich mag den Teil von mir, der total unkonventionell ist. Ich mag den Teil, der nicht okay ist. Ich mag sogar mein Lachen. Ich meine, ich mag alles an mir, und ich muß Ihnen sagen, daß ich zum ersten Mal in meinem Leben so fühle. Und weil ich so fühle, gibt es jetzt nur noch sehr wenig an anderen Menschen, das ich nicht mag. Ich bin ungeheuer tolerant geworden. Es ist ein außergewöhnliches Phänomen, daß ich mir die Leute um mich herum anschaue und sie einfach alle gern habe. Ich finde Verhaltensweisen und Eigenschaften und Charakterzüge akzeptabel, die ich noch vor wenigen Jahren sofort abgelehnt hätte.

Ich glaube also, daß mit der Selbstliebe eine enorme Liebe zu anderen Menschen einhergeht, denn ich für meinen Teil denke mir: »Also wenn du es fertigbringst, dich selbst zu lieben, dann kannst du alle und alles lieben.«

Was sind die fünf Ebenen des »Sprechens der Wahrheit«?

Wenn ich über die Transparenz in einer Beziehung spreche, dann denke ich oft an das Sprechen der Wahrheit, denn darum geht es im Grunde bei der Transparenz. Und mir wurde zu Bewußtsein gebracht, daß es fünf Ebenen des Sprechens der Wahrheit gibt.

Die erste Ebene ist die, daß du dir selbst die Wahrheit über dich sagst. Das war eine enorme Herausforderung für mich, denn ich hatte mich viele, viele Jahre lang selbst belogen. Man kann sich schwer vorstellen, daß ein Mensch sich buchstäblich selbst belügt, aber das geht ganz leicht, und ich habe es lange Zeit getan.

Die zweite Ebene ist die, daß du dir selbst die Wahrheit über einen anderen sagst. Und auch in diesen Dingen habe ich mich viele, viele Jahre lang belogen. Zum Beispiel habe ich mir jahrelang gesagt, daß ich in eine Frau, mit der ich zusammenlebte, verliebt sei. Und immer wenn ich dachte, daß ich es nicht sei, immer wenn ich mir auch nur die Vorstellung erlaubte, daß ich vielleicht nicht mehr in sie verliebt sein könnte, sagte eine Stimme in meinem Kopf: »Sei nicht albern, natürlich liebst du sie.« Denn das war es, was ich erwartungsgemäß denken *sollte*. Also belog ich mich in dieser Sache sehr lange Zeit, bis ich mir eines Tages die Wahrheit über sie sagte. Ich habe das nicht einmal laut ausgesprochen, ich sagte es nur mir selbst, und das war sehr schwer.

Die dritte Ebene des Sprechens der Wahrheit ist die, daß ich einem anderen die Wahrheit über mich sage, ganz so, wie ich es jetzt mit Ihnen mache.

Und die vierte Ebene ist die, daß ich die Wahrheit

über einen anderen *diesem anderen* sage – *meine* Wahrheit natürlich, nicht *die* Wahrheit. *Die* Wahrheit, objektiv gesehen, gibt es nicht, aber ich teile meine innerste Wahrheit über einen anderen mit diesem anderen.

Und die fünfte Ebene des Sprechens der Wahrheit, falls wir überhaupt dahin gelangen, ist die, daß wir jedem die Wahrheit über alles sagen. Und wenn Sie diese fünf Schritte machen können, dann haben Sie fünf Schritte bis in den Himmel getan, denn Himmel bedeutet – nicht mehr lügen zu müssen.

Jemand hat einmal gesagt, daß es anscheinend manchmal den Schmerz braucht, um das Herz aufzubrechen, so daß es mehr Liebe erfahren kann. Was meinen Sie dazu?

Ich glaube das nicht. Wer immer gesagt hat, daß Schmerz das Herz aufbrechen läßt, so daß es mehr Liebe erfahren kann, beschreibt zwar ein existierendes Phänomen, aber keines, das sich unbedingt ereignen *muß*. Ich halte es für absolut möglich, daß wir ohne jeglichen Schmerz mehr Liebe erfahren und fühlen können. Aber wir leben unseren eigenen kulturellen Mythos. Es existiert ein riesiger Mythos, der besagt, daß Liebe weh tut und der Schmerz der Weg zu ihr ist. Ich muß Ihnen sagen, daß ich in den letzten paar Jahren entdeckt habe und immer noch entdecke, daß es möglich ist, voller Freude zu lieben, und ohne den geringsten Schmerz all die Liebe zu fühlen, die ein menschliches Herz zu fassen vermag und noch mehr. Ich für meinen Teil lehne die Vorstellung ab, daß Schmerz und Liebe Hand in Hand gehen müssen, und daß es dabei nur einen Weg von hier nach dort gibt, und der führt durch das Tor namens »Schmerz«. Das ist nicht nötig; es ist ein kultureller Mythos, aus dem wir uns willentlich herausbegeben können, indem wir ganz einfach die Wahl treffen, uns nicht auf ihn einzulassen.

Das heißt, daß da auch kein Schmerz ist, wenn Ihre Geliebte Sie verläßt?

Nein. Da ist kein Schmerz, wenn meine Geliebte mich verläßt, weil ich die Schönheit und das Wunder dessen, der ich bin, entdeckt habe. In früheren Tagen dachte ich, daß die Gültigkeit meiner Existenz und meine Vorstellung von dem, der ich bin, mit ihr zur Tür hinausmarschierten, wenn sie mich verließ. Nun habe ich gelernt – und ich nehme an, das klingt ein bißchen kraß, aber es ist die Wahrheit –, daß, wenn sie mich verläßt und auszieht, fünfzig andere bereitstehen, um einzuziehen. Und das deshalb, weil ich großartig bin.

Welche Rolle spielt Ihre Frau in Ihrer Karriere?

Ich werde Ihnen eine Antwort geben, die sich wie eine göttliche Dichotomie ausnimmt. Sie spielt jede Rolle und sie spielt gar keine Rolle. Mit anderen Worten: Mir ist sehr klar, daß meine Frau nicht die Kraft in meinem Leben ist, die mir meine Karriere ermöglicht. Wenn ich das dächte und für wahr hielte, würde ich wieder in die Angst zurückfallen, daß ich, wenn ich sie verlöre, alles verlieren würde. Ich sehe sie also nicht als das Element an, das mir mein Leben, so wie ich es gegenwärtig lebe, ermöglicht. Und gleichzeitig wäre es ohne sie doch nicht möglich. Es ist also eine göttliche Dichotomie.

Meine Frau ist die Hauptperson in meinem Leben, die mich sieht, wie ich mich sehe, und das ist, wie ich vermute, die Rolle, die sie in meinem Leben spielt. Sie sieht mich so, wie ich meiner Vorstellung nach bin. Die Liebe macht das so. Die Liebe sagt: »Ich bin willens, dich so zu sehen, wie *du* dich in deiner besten Version von dir selbst siehst.« Liebe sagt noch mehr. Sie sagt: »Ich bin nicht nur willens, dich so zu sehen, wie du mich in deiner besten Version von dir selbst siehst, ich bin sogar auch willens, dich so zu sehen, wie du dich selbst nicht siehst. Ich bin willens, in dir *mehr* zu sehen, als du in dir selbst.«

Jemand sagte einmal: »Wenn wir uns selbst so

sähen, wie Gott uns sieht, würden wir sehr viel lächeln.« Ich glaube, meine Frau sieht mich so, wie Gott mich sieht. Sie sagt ständig Dinge zu mir, kleine Dinge. Gerade vorhin ging sie an mir vorbei und sagte: »Gott, siehst du gut aus.« Eigentlich sollte ich wohl nicht aus der Schule plaudern, aber wenn ich auch nur für einen Augenblick denken sollte, daß das vielleicht nicht stimmt, wenn ich versucht sein sollte, in mein altes Denken über mich zurückzufallen und zu glauben, daß ich physisch nicht attraktiv bin, dann sind es Menschen wie meine Frau, Menschen, die dich wirklich lieben, die dich in deinen wagemutigsten Vorstellungen von dir selbst immer wieder bestätigen.

Ja, so ist es! Das kam mir gerade. Menschen, die dich *wirklich* lieben, bestätigen dich immer wieder in deinen *wagemutigsten* Vorstellungen von dir selbst. Das *bist* du. Du *kannst* das. Sie wissen schon... diese abenteuerlichen Gedanken über uns selbst, die uns mitten in der Nacht kommen, und die wir niemandem mitteilen, weil man uns sonst als dieses oder jenes bezeichnen würde – als egoistisch oder unverantwortlich oder was sonst. Habe ich den Mut, das von mir zu denken? Und wenn Sie mit jemandem beisammen sind, der Sie zutiefst liebt, dann brauchen Sie diese Gedanken nicht zu denken; sie oder er sprechen sie für Sie aus: »Gott, bist du sexy; Gott, bist du machtvoll; Gott, bist du gut; Gott, bist du wunderbar; Gott, bin ich froh, daß du der meine bist.« Meine Frau sagt solche Dinge ständig, jeden Tag. Es vergeht kaum eine Stunde, ohne daß ich von ihr eine Botschaft der Bestätigung zu hören bekomme. Welche Rolle spielt das in meinem Leben? Dafür habe ich keine Worte.

In Ihren Büchern wird darüber gesprochen, daß wir herausfinden sollen, was wir wollen – was wir sein wollen, was wir haben wollen und was wir tun wollen. Und was nun die Beziehungen angeht, so habe ich das wortwörtlich genommen. Ich habe mich hingesetzt und die Art von Partnerin beschrieben, die ich gerne hätte. Und ich stellte fest, daß die auftauchenden Partnerinnen nicht gerade das waren, was ich erwartet hatte. Und das ist irgendwie verwirrend, weil ich mir nun nicht sicher bin, ob ich mich lieber nicht hinsetzen und das alles aufschreiben, sondern einfach nur zusehen sollte, was das Universum mir zukommen läßt. Ich möchte Sie bitten, dazu etwas zu sagen.

Klar doch. Ich danke Ihnen. Das ist eine sehr gute Frage.

Was Beziehungen oder auch alles andere im Leben angeht, so bin ich gerne sehr konkret in bezug auf die

Dinge, die ich wählen möchte. Und wenn ich mir gestattet habe, sehr, sehr konkret zu sein, dann *nehme ich, was sich zeigt.* Und das mache ich so, weil ich Gott nie davon abhalte, die Wunder zu wirken, die er sich ausdenkt. Und ich versuche nie, Gott zu sagen, wie etwas genau aussehen soll, sondern nur, wie meine momentane Vorstellung davon aussieht.

Wissen Sie, als junger Mann hatte ich eine sehr genaue Vorstellung vom Aussehen meiner perfekten Gefährtin, von der Frau meiner Träume. Und alle, die nicht in diese Schablone paßten, wurden automatisch abgelehnt. Ich meine, ich ging buchstäblich an ihnen vorbei, beachtete sie überhaupt nicht, fast so, als existierten sie gar nicht. Dann ereignete sich eine dieser wunderbaren Begebenheiten im Leben. Ich verliebte mich in eine Frau, die sich von dem Bild, das ich mir da geschaffen hatte, ziemlich unterschied. Ich stolperte fast in diese Beziehung hinein, denn, wie gesagt, ging ich normalerweise an einer solchen Person vorbei. Aber irgendwie war ich plötzlich mit ihr zusammen. Und da entdeckte ich, was für ein außergewöhnliches menschliches Wesen sie war, und wieviel ich im Leben verpaßt hatte, nur weil ich darauf bestand, daß nicht nur die Menschen, sondern auch die Ereignisse, die Orte, ich meine, *alles* in meinem Leben, auf eine ganz bestimmte Weise zu sein hatten.

Beispielsweise ging ich zu einer Party, und wenn ich mich dort nicht auf eine ganz bestimmte Weise fühlte, ging ich wieder, weil sie nicht das war, was ich erwartet hatte. Ich lebte mein ganzes Leben, und ganz besonders meine Beziehungen mit anderen Menschen, aus meinen Erwartungen heraus. Und dadurch ist mir wirklich sehr, sehr viel entgangen.

Manche Menschen passen aus verschiedenen Gründen nicht in unsere früheren Vorstellungen von dem Typ, mit dem wir glauben, einmal auf Dauer zusammen zu sein. Sie sind zum Beispiel sehr viel sensibler und nicht annähernd so spontan wie wir, und da gibt es noch viele andere Dinge. Ich erkenne jetzt, daß diese Unterschiede zwischen uns nicht unbedingt eine Kluft schaffen müssen, und auch nicht unbedingt Dinge sind, die sie »nicht in Frage kommen« lassen. Tatsächlich bilden diese Aspekte ihres Wesens einen perfekten Ausgleich zu meiner Wesensstruktur. Doch das hätte ich in meinen noch unreifen Tagen nie erkannt.

Der beste Rat, den ich Ihnen geben kann, wenn Sie nach einem Gefährten oder einer Gefährtin oder nach irgend etwas in Ihrem Leben suchen, ist der, sich durchaus eine Vorstellung von dem zu machen, wonach Sie suchen. Aber nehmen Sie zur Kenntnis, daß das Gute manchmal in einer ziemlich unerwarteten Verpackung zu Ihnen kommt. Verweigern Sie sich nicht diesen Energien, und tun Sie sie nicht als etwas ab, das für Sie keinesfalls in Frage kommt. Denn vermutlich finden Sie das, wonach Sie suchten, genau vor Ihrer Nase, haben es aber nicht gesehen, weil Sie die Augen nicht aufgemacht haben.

Einige der wunderbarsten Dinge meines Lebens kamen in Verpackungen zu mir, auf die ich absolut nicht gefaßt war. Ich will Ihnen ein albernes Beispiel dafür geben. Ich esse nun Dinge, die ich noch vor ein paar Jahren als unannehmbar von mir gewiesen hätte. Sie wissen, was ich meine? Ich esse jetzt dieses Zeug, und es schmeckt mir. Meine Mutter pflegte zu sagen: »Probier es mal, probier es.« Ich hatte die Weisheit, die darin liegt, nie verstanden. Und das ist nicht nur eine kluge und weise Einstellung in bezug auf das Essen, sondern in bezug auf alles im Leben. Um Himmels willen, probieren Sie es mal. Ich meine das buchstäblich um des *Himmels* willen. Denn es könnte sein, daß Sie gleich dort Ihren Himmel finden. Also versteifen Sie sich nicht zu sehr auf etwas. Verfangen Sie sich nicht in Ihren Erwartungen, sondern bleiben Sie aufgeschlossen. Und lassen Sie Gott etwas Raum, um für Sie Perfektion zu erschaffen.

Ich möchte noch etwas zu dem hinzufügen, was dieser Herr vorhin sagte. Mir ist aufgefallen, daß, wenn ich schließlich zu wissen glaubte, nach was für einer

Person und nach welchen Eigenschaften ich für mich oder in einer Beziehung suchte, in mir ein ganz bestimmtes Gefühl entstand. Wenn dann jemand auftauchte und das Gefühl mit dem übereinstimmte, was ich mir von der Verpackung erhoffte, war dies der eigentliche Wertindikator. Die Beschreibung der Eigenschaften und Qualitäten spielte an sich keine Rolle, wichtig war nur, daß diese Gefühle übereinstimmten.

Ja, das ist eine sehr tiefgehende und einfühlsame Beobachtung. Und ich möchte Ihnen allen sagen, daß ich zwar immer versucht habe, im Hinblick auf das, was in meinem Leben auftauchen sollte – ob nun ein Job, eine Person oder ein neues Auto –, äußerst konkret zu sein, ich aber in meinen späteren Jahren, als ich ein bißchen älter wurde, lernte, alle diese Bedingungen schlicht fallenzulassen. Ich habe gelernt, wirklich loszulassen und Gott zuzulassen. Und ich habe gelernt, zur Kenntnis zu nehmen, daß Wunder fast unvermeidlich in Verpackungen daherkommen, die ziemlich anders aussehen, als ich sie mir vorgestellt hatte. Und nun lasse ich einfach los... Das nennt man, das Leben ohne Erwartungen leben.

Meiner Meinung nach ist es wichtig zu begreifen, daß Liebe eine Entscheidung ist und nicht eine Reaktion. Die meisten Menschen denken, daß Liebe eine Reaktion ist. Ich meine, darin liegt wirklich der Hauptunterschied zwischen jener Zeit, in der ich aus meinen Erwartungen heraus lebte und mir eine bestimmte Verpackung vorstellte, und heute, wo ich meine Erwartungen habe fallenlassen und mich auf völlig andere Weise auf Menschen beziehe. Der Unterschied besteht darin, daß ich begriffen habe, daß Liebe eine Entscheidung ist. Sie entscheiden sich dazu, jemanden zu lieben, oder Sie entscheiden sich dagegen. Es ist wirklich in sehr starkem Maße eine willkürliche Entscheidung. Nun könnte man natürlich einwenden: »Ja, aber diese Entscheidungen gründen sich auf das äußere Erscheinungsbild oder die Persönlichkeit und so weiter.«

Doch ich möchte die These aufstellen, daß dem manchmal nicht so ist. Ich möchte behaupten, daß sich diese Entscheidungen zuweilen auf etwas Beliebigeres als das gründen, nämlich auf eine einfache Wahl. Ich treffe die Wahl, dich zu lieben. Und wenn ich dich wirklich liebe und von einer reinen Liebe ausgehe, dann ist meine Wahl nicht nur »be-liebig«, sie ist auch ohne Bedingungen. Meine Liebe ist bedingungslos. Sie hängt nicht davon ab, wie sich deine Persönlichkeit zu dieser Stunde zeigt oder wie dein Körper geformt oder wie dick deine Brieftasche ist, oder was sonst deine Begleiterscheinungen sein mögen. Sie kennt keine Bedingungen.

Wenn wir also die Wahl treffen, jemanden zu lieben, dann müssen wir oft auf eine große Überraschung gefaßt sein. Wir entdecken, daß das Gefühl, das wir durch unser Verliebtsein in die andere Person zu bekommen hofften, im Grunde *von uns selbst* erzeugt wird. Es bewegt sich *von uns ausgehend* um diese andere Person herum, fast so wie ein Planet die Sonne umkreist, um dann wieder auf der anderen Seite hervor- und *zu uns zu kommen.* Es ist ein Bumerangeffekt. Und dann fällt endlich die große Illusion in sich zusammen. Die Illusion, daß dieses Gefühl von Magie und Staunen, dieses Besondere, wonach ich in einer Beziehung suche, von dieser anderen Person herrührt. In Wahrheit kommt es immer von uns. Und wenn ich es zu ihr hinüberschicke, und das ganz bewußt, kann es gar nicht anders, als wieder zu mir zurückzukommen. Es kehrt zurück zum Absender.

Als ich mir noch wünschte, daß die Dinge oder Menschen in einer ganz bestimmten Form auftauchten, mußte ich natürlich auch die Frage stellen, auf die Sie hinauswollen. Warum habe ich die Vorstellung, daß *diese* Form irgendwie besser ist als eine andere? Warum habe ich die Vorstellung, daß dünn besser als dick ist, oder dick besser als dünn, oder schwarz besser als weiß, oder... Wie denke ich darüber? Was hat es damit auf sich?

Sobald ich bereit war, mich dieser Frage zu widmen, erkannte ich, daß ich *das alles einfach erfand.* Ich erfand einfach all dieses Zeug. Und plötzlich stellte ich fest, daß ich, wenn ich all diese Dinge, die ich da erfand, aufgab, überall Schätze finden konnte; in Menschen, auf die ich mich nie einlassen zu können glaubte, in Dingen, die ich nie lieben zu können meinte. Es ist so, wie wenn ein Erwachsener entdeckt, daß Spinat schließlich doch nicht ganz so schlecht schmeckt.

Sehen Sie, ich habe doch tatsächlich herausgefunden, daß man Brokkoli schmackhaft finden kann. Er schmeckt mir jetzt wirklich ganz gut. Man weiß also nie, wann ein Brokkoli zur Tür hereinspaziert.

Gibt es noch andere Fragen zum Thema Beziehungen? Sie haben das alle ziemlich gut verstanden, oder? Wie viele von Ihnen sind bereit, Ihre Beziehung so zu leben, daß sie besagt: »Mein Wille für dich ist dein Wille für dich?« Wie viele von Ihnen sind bereit, Ihre Beziehung so zu leben, daß sie besagt: »Liebe sagt nie nein?« (Es heben sich Hände.)

Das ist großartig. Fast alle hier. Manche haben ihre Hände etwas zögerlicher gehoben als andere. Aber das ist wirklich großartig. Doch bitte verstehen Sie, daß dies keine Garantie dafür ist, daß Ihre Beziehung immer so bleiben wird wie jetzt. Gehen Sie hier also nicht mit dem Gedanken weg: »Jetzt hab ich den

Schlüssel gefunden. So werde ich jetzt leben. Und nun wird meine Beziehung ewig so bleiben wie sie jetzt ist.« Die andere Person könnte unter Umständen auch sagen: »Oh, vielen Dank. Dein Wille für mich ist mein Wille für mich? Dann bin ich so gut wie weg. Schon seit vier Jahren ist es mein Wille für mich, hier abzuhauen. Ich habe nur auf die Erlaubnis gewartet« – sozusagen auf die Chance für einen »ehrenhaften Abgang«.

Ich möchte also nicht, daß hier jemand denkt, daß er, wenn er so lebt, eine Garantie gefunden hat. Wir alle haben versucht, diese Garantie zu finden: »Wie kann ich es jetzt und für alle Zeiten zum Funktionieren bringen?« Nun, Sie können es nicht jetzt und für alle Zeiten zum Funktionieren bringen. Oder richtiger gesagt, es *wird* für alle Zeiten funktionieren, aber dieses Funktionieren *wird möglicherweise anders aussehen, als Sie sich gedacht haben.*

Als ich in einer früheren Beziehung verlassen wurde, war das eine Tragödie. Ich war furchtbar niedergeschlagen, denn es sah doch wirklich so aus, als würde meine Beziehung »nicht funktionieren«. In Wahrheit aber stieß das Ende dieser Beziehung die Tür zu etwas auf, das wunderbarer und lohnenswerter war, als ich mir je hätte träumen lassen. Doch konnte ich das, was als nächstes kam, nur deshalb erleben, weil ich das, was da vor sich ging, geschehen ließ, es nicht verurteilte, nicht als Fehler bezeichnete, es sich einfach ereignen ließ. Ich habe also im Laufe meines Lebens entdeckt, daß das Universum auf außergewöhnliche Weise arbeitet. Wenn ich es nicht verurteile und tun lasse, was es tut, und sein lasse, was es ist, finde ich den Frieden und die Freude, die immer in mir wohnen.

Wenn es überhaupt einen Schlüssel gibt, dann ist das übrigens der Zentralschlüssel: Ich muß aufhören, in einem anderen nach dem Frieden und der Freude zu suchen, und mir klarmachen, daß das, wonach ich suche, mir selbst innewohnt. Ich erfahre meine größte Freude und meinen größten Frieden, wenn ich für einen anderen sorge; in diesen Augenblicken entschlüssele ich das größte Rätsel und Geheimnis aller Zeiten.

Und wie ich schon sagte und noch einmal sage, besteht die größte Ironie in folgendem: In dem Augenblick, in dem ich mich selbst als die Quelle dessen betrachte, was ich von einem anderen erhalten will, und in dem Augenblick, in dem ich die Wahl treffe, mein Leben dazu zu nutzen, die Quelle für einen anderen zu sein, in diesem Augenblick komme ich einer Garantie so nahe wie nur irgend möglich, daß sich der Raum nicht leeren wird. Denn niemand oder nur sehr wenige verlassen einen Raum, in dem eine solche Quelle residiert. Und die, die gehen? Lassen

Sie sie gehen. Lassen Sie sie ihren Weg gehen. Lassen Sie sie tun, was sie tun.

Ich möchte noch einmal auf die Ehe zurückkommen. Ich habe in letzter Zeit eine Menge darüber nachgedacht. Und mich interessiert sehr, was in Band 3 *von* Gespräche mit Gott *dazu steht. Ruft die Ehe, so wie wir sie geschaffen haben, die Liebe hervor, die wir wollen? Mir scheint, daß wir uns nun zu Beginn des 21. Jahrhunderts an einem völlig anderen Ort befinden, als wir Menschen in bezug auf die Liebe und Romantik je waren. Bisher ging es im wesentlichen um das Überleben und die Fortpflanzung, und das ist nun nicht mehr der Fall. Deshalb möchte ich etwas über andere Formen des Zusammenlebens als die der herkömmlichen Ehe erfahren. Andere Formen des Zusammenlebens von Paaren, ob nun mit Kindern oder ohne Kinder, des gemeinsamen Sorgens für den Lebensunterhalt, all diese Dinge. Gibt es andere Formen, die wir allmählich erschaffen könnten, und die diese Freiheit und dieses Engagement und das Beste in unserem Lieben bewirken?*

Das ist eine wundervolle Frage. Und die Antwort lautet: Ja, es gibt neben der traditionellen Zweierbeziehung inzwischen viele andere Formen. Es gibt Gemeinschaften, die sich freiwillig gebildet haben.

Dort leben viele Personen zusammen, die Dinge miteinander teilen und in fürsorglicher und liebevoller Weise miteinander umgehen. Wir finden auch – ich weiß, das ist an manchen Orten ein Schimpfwort – sogenannte Gruppenehen, oder »erweiterte Familien«, in denen die Leute auf diese fürsorgliche, liebevolle und gemeinschaftliche Weise zusammenleben. Wir sehen auch gleichgeschlechtliche Paare zusammenleben, füreinander sorgen und miteinander teilen. Wenn wir übrigens nicht damit aufhören, diese Einstellungen zu verteufeln und als Unrecht zu verfolgen, werden wir nie unser ganzes Potential als Menschen verwirklichen.

Ich glaube, daß es immer diese Paarbeziehungen geben wird. Und ich glaube auch, daß sie weiterhin die vorrangige Beziehungsform bleiben werden. An dieser Situation und an diesen Umständen ist etwas Einzigartiges, das sich so in einer anderen Form nicht herstellen läßt. Wir werden es immer erleben, daß sich zwei Menschen zusammentun und gemeinsam ein Leben aufbauen, und dies wird weiterhin die vorrangige Form der menschlichen Liebesbeziehung sein. Aber ich denke, wir werden es auch erleben, daß andere Formen entstehen, und daß diese die erweiterten Familien, die Gruppenehe und die freiwillig gebildeten Gemeinschaften mit einschließen. Diese Formen werden eine Vielfalt von Möglichkeiten beinhalten, in der sich Menschen in großer und kleiner Anzahl zusammenschließen, um die eine Erfahrung zu machen, nach der wir uns alle sehnen: die Erfahrung von unbegrenzter, ungegängelter Liebe füreinander.

Wir haben auf unserem Planeten schon seit langer Zeit mit diesen Beziehungsformen herumexperimentiert. Und ich denke, daß manche von ihnen mehr Respektabilität gewinnen werden. Ich glaube, daß dies mit unserem Eintritt ins nächste Jahrhundert passieren wird.

Die Entscheidung, damit aufzuhören, uns einander für das, was wir tun, ins Unrecht zu setzen, wird einen gewaltigen Wendepunkt in unserer gesellschaftlichen Evolution darstellen. Und das wird hier in den nächsten zehn bis fünfzehn Jahren passieren – da bin ich mir ziemlich sicher. Wir werden aufhören, uns gegenseitig unsere Wahl in bezug auf unsere sexuellen Präferenzen und unseren Lebensstil, unsere Wahl in bezug auf spirituelle und philosophische, politische, soziale und ökonomische Dinge als falsch oder unrecht vorzuwerfen. Wir werden aufhören, einander ins Unrecht zu setzen, und endlich ganz einfach sagen: »Können wir uns nicht schlicht darauf einigen, daß wir unterschiedlicher Meinung sind?«

Wir werden damit aufhören, einander ins Unrecht zu setzen, aus dem Bewußtsein heraus, daß es genau das ist, was uns tötet; nicht die unterschiedlichen Ansichten sind es, sondern die Tatsache, daß wir diese Unterschiede nicht tolerieren. Die Intoleranz hat ihre letzten Tage auf diesem Planeten gesehen. Und ich denke, wir werden es erleben, daß sie im ersten Viertel des nächsten Jahrhunderts weitgehend verschwindet.

Das wird infolge der evolutionären Entwicklung der Spezies geschehen, die sich aus diesen experimentellen Formen unseres Zusammenseins und der Neugestaltung unserer Beziehungen ergibt. Und diese Beziehungen werden die ganze Gesellschaft durchziehen. Es wird neuartige Beziehungen in der Politik, in der Wirtschaft, in der Religion geben; neuartige Beziehungen auf jeder Ebene und natürlich auch im Bereich der romantischen Liebe. Wir werden nichts dabei finden, einen Mann mit zwei Frauen oder zwei Frauen mit einem Mann, die eine sogenannte Dreiecksbeziehung leben und einen Höllenspaß miteinander haben, Hand in Hand und traut vereint die Straße entlangschlendern zu sehen.

Gott sagt, es gibt keinen unangemessenen Ausdruck von reiner und wahrer Liebe. Und ob der Ausdruck von Liebe rein und wahr ist, erkennen wir daran, daß diese Liebe nie danach trachtet oder sich gestattet, einem anderen Schaden zuzufügen. Ich stelle das in den Raum, weil es immer wieder jemanden gibt, der zu mir sagt: »Sie wollen den Menschen *alles und jedes* gestatten... Sie entschuldigen ja sogar Päderasten.« Da ist immer jemand, der ins Extrem verfällt, um mich ins Unrecht zu setzen. Und ich sage nur, daß es keine unangemessene oder ungehörige Form von *reiner* und *wahrer* Liebe gibt. Und reine und wahre Liebe würde sich nie gestatten, einen anderen auf irgendeine Weise zu schädigen, auszunutzen oder zu mißbrauchen.

Ja, die Art und Weise, in der wir uns im Ausdruck unserer großartigsten Vorstellung von Liebe miteinander verbinden, verändert sich. Menschen, die glauben, daß nur die alte Form die einzig angemessene Form ist, werden sich mit dieser Entwicklung schwertun. Manche von ihnen knirschen mit den Zähnen, und manche von ihnen verurteilen alle diese anderen Formen als Unrecht.

Sie wissen, es gab eine Zeit, in der uns allen Ernstes gesagt wurde – und das war nicht nur die blödsinnige und abartige Idee eines einzelnen, sondern eine Einstellung, die von der überwiegenden Mehrheit in unserer Gesellschaft geteilt wurde –, daß es ungehörig sei, mit einer Person eine Paarbeziehung einzugehen, die zu einer anderen *Rasse* gehört. Es gab Zeiten, in denen uns gesagt wurde, daß es ungehörig sei, eine Person zu lieben und zu heiraten, die einer anderen *Religion* angehört. Und es gibt immer noch Menschen in bestimmten Kulturen und Religionen, die eine von ihnen geliebte Person enterben und verstoßen, weil diese eine andere Person liebt, die nicht »eine von ihnen ist«. Wie kann es sein, daß jemand nicht einer von uns ist? Es gibt *nur einen von uns*. Wir nennen das die menschliche Familie.

Unsere Aufgabe als Schöpfer und Schöpferinnen der neuen Gesellschaft besteht darin, ein neues Paradigma, eine Einstellung, ein System, wenn Sie so wollen, eine neue gesellschaftliche und spirituelle und politische Konstruktion zu etablieren. Diese erlaubt es uns, einander ganz einfach auf eine Weise zu lieben, die sich in unserer Seele rein anfühlt, und ohne daß wir aufgrund unseres Geschlechts, unserer Hautfarbe, unserer Religion oder irgendeines anderen künstlichen Faktors darin eingeschränkt werden. Wie kann es falsch oder unrecht sein, einen anderen zu lieben? Wie kann es eine falsche oder unrechte Art des Ausdrucks von reiner Liebe geben, die nie einen anderen schädigen oder verletzen würde? Doch in dieser Hinsicht sind wir total steif und verklemmt, eine Steifheit und Verklemmtheit, die sich auf das gründen, was wir in unserer Arroganz für den Willen Gottes halten. Ich meine, können Sie sich eine Zeit vorstellen – und wir reden hier nicht von Jahrhunderten, die das her ist, sondern nur von ein paar Generationen –, in der wir uns erhoben und allen Ernstes behaupteten, daß eine Mischehe, eine Ehe zwischen zwei Angehörigen verschiedener Rassen, gegen das Gebot Gottes verstößt? Und das haben wir tatsächlich geglaubt.

Tatsache ist, daß es auch heute noch Leute gibt, die das glauben. Ich kenne ein jüdisches Ehepaar, das seinen Sohn enterbte, weil er eine Nichtjüdin heiratete. Was ist das? Das besagt: Ich bin besser als du. Wir sind besser als sie. Wie kannst du nur *so etwas* heiraten? Das ist die Art von Gedanken, die all das Elend schafft, das unseren Planeten nun schon so lange Zeit heimsucht.

Doch das neue Verständnis, das Sie in diese neue Zeit, in die wir uns nun hineinbegeben, einbringen, wird eine neue Erfahrung erschaffen. Die Welt hat in bezug auf das, was wir Liebe nennen, schon sehr lange auf die Wiederkehr eines Erlösers gewartet. Diese Erlöserin ist bereits gekommen. Sie sitzt hier, und sie sitzt dort. (Deutet ins Publikum.) Und er ist hier, und er ist dort.

Werden Sie uns von unserer niedrigsten Vorstellung von uns selbst erlösen? Und werden Sie uns zu unserem großartigsten Ort führen? Wir können nur so hoch klettern, wie sie zu gehen willens sind. Wir können nur so außergewöhnlich werden, wie Sie zu sein bereit sind. Wir können nur so voll und ganz lieben, wie Sie willens und dazu bereit sind. Sie sind es. Sie sind der- und diejenige. Da gibt es jene, die die Welt so sehen, wie sie ist, und fragen: »Warum?« Und dann gibt es jene, die die Welt so sehen, wie sie sein könnte, und fragen: »Warum nicht?« Ich danke Ihnen für das Zuhören.

TEIL II

Zugang finden zu sich selbst und dem inneren Wissen

Nun, es ist schön, Sie alle hier zu sehen. Guten Morgen miteinander.

Ich möchte diesen Morgen gerne damit einleiten, daß ich ein bißchen über die Ereignisse in meinem Leben erzähle. Ich möchte auf ein paar Erfahrungen eingehen, die ich in den letzten sechs bis acht Jahren machte, möchte Sie ein bißchen aufwärmen, Sie auf den neuesten Stand bringen und wissen lassen, wie das alles für mich war. Und dann können wir von da ausgehend anfangen, über ein paar spezielle Themen zu sprechen und sie, wie ich hoffe, hier gemeinsam erforschen.

Ich freue mich, daß Sie sich dazu entschieden haben, heute mit mir in diesem Raum zu sein. Ich freue mich, daß Sie sich dazu entschieden haben, zu dieser Zeit mit mir auf diesem Planeten zu sein. Dies ist eine sehr, sehr wichtige Zeit. Das haben die Menschen zwar schon seit Jahrhunderten immer und immer wieder gesagt und wahrscheinlich auch stets so gemeint. Nur bin ich mir nicht ganz sicher, ob dies immer so zutraf wie gerade heute.

* * *

Wir treten auf diesem Planeten in eine Phase ein, in der sich unsere Entscheidungen und die Wahl, die wir treffen, in einem sehr entscheidenden und ganz außergewöhnlichen Maße auf die ganze Menschheit und den Planeten auswirken und sie beeinflussen werden. Es ist also wirklich wichtig, daß wir in Gruppen wie dieser zusammenkommen, in großen und kleinen Gruppen, daß wir uns über unsere Realität und unser Verständnis austauschen und uns noch klarer über das werden, was wir alle gemeinsam haben. Und wenn wir feststellen, daß es Unterschiede zwischen uns gibt, dann sollten wir Wege finden, diese Unterschiede zu feiern. Denn wenn wir nicht lernen, unsere jeweilige Verschiedenheit und Andersartigkeit zu feiern, werden wir auch nicht imstande sein, auf diesem Planeten etwas anders zu *machen.* Und Sie sind hierhergekommen, um etwas zu ändern. Deshalb haben Sie sich zu diesem Zeitpunkt in Ihrem Körper inkarniert. Deshalb sind Sie in diesem speziellen Moment auf diesen speziellen Planeten gekommen. Zudem sind Sie, ob Sie es nun wissen oder nicht, mit einer sehr umfassenden Tagesordnung hierhergekommen. Und für die meisten

Menschen erweist sich diese Tagesordnung als weitaus umfangreicher, als sie sich ursprünglich gedacht oder vorgestellt haben. Das möchte ich noch einmal sagen: Für die meisten Menschen erweist sich diese Tagesordnung als weitaus umfangreicher, als sie ursprünglich dachten oder sich vorstellten.

Um es gleich vorweg zu sagen, Ihr Leben hat nichts mit Ihnen zu tun. Und das könnte Ihre ganze Vorstellung über das, was Sie hier tun, verändern. Ihr Leben hat auch nichts mit Ihrem Körper zu tun. Auch das könnte Ihre ganze Vorstellung über das, was Sie hier tun, verändern. Ihr Leben hat mit der Tagesordnung zu tun, die Sie für sich aufgestellt haben, und zwar mit jenem Teil von Ihnen, den wir in unserem Sprachgebrauch »die Seele« nennen.

Meiner Beobachtung nach haben nur sehr wenige Menschen in diesem speziellen Leben viel Zeit darauf verwandt, der Tagesordnung ihrer Seele Beachtung zu schenken. Ich weiß, daß *ich* es nicht getan habe. Ich schenkte den Großteil meines Lebens der Tagesordnung meines Egos, meines Geistes, meines Körpers Beachtung – mit anderen Worten jenem Teil von mir, den ich für das hielt, was ich wirklich bin. Und die Tagesordnung meiner Seele interessierte mich kaum, der wirkliche Grund meines Daseins. Und doch beginnen die von uns, die auf den wirklichen Grund für unser Hiersein blicken, einen außergewöhnlichen Einfluß auf die Welt zu nehmen – einen Einfluß, der alles übersteigt, was Sie für möglich gehalten hätten. Plötzlich finden Sie sich vor einem … Abgrund, am Rand einer Klippe. Ganz ähnlich, wie Apollinaire es einst beschrieb:

»Kommt an den Rand der Tiefe.«

»Wir können nicht. Wir fürchten uns.«

»Kommt an den Rand der Tiefe.«

»Wir können nicht. Wir werden fallen.«

»Kommt an den Rand der Tiefe.«

Und sie kamen. Und er *stieß* sie. Und sie flogen.

Es gibt ein paar von uns, nur sehr wenige, die nun bereit sind zu fliegen, bereit sind, sich an Orte zu begeben, die, wie Gene (Roddenberry) sagte, noch kein Mensch zuvor betreten hat, und all jene mitzunehmen, deren Leben sie berühren. Sie mitzunehmen auf einem Flug der Phantasie, der die Welt wahrhaft verändern wird. Sie werden in diesen Tagen und Zeiten die Gelegenheit zur Entscheidung haben, ob Sie zu diesen wenigen Auserwählten gehören wollen; auserwählt von Ihnen selbst, möchte ich hinzufügen. Dies ist ein Prozeß der Selbstauswahl. Eines Tages wachen Sie auf, schauen in den Spiegel und sagen: »Ich wähle mich aus. Ich wähle mich. Ich bin es.«

Es hat wirklich *große* Ähnlichkeit mit einem Kinderspiel, wissen Sie. Es wird mit all der Hingabe und Freude von miteinander spielenden Kindern unternommen – nur daß es bei diesem Spiel nur einen Spieler gibt. Und jetzt müssen Sie das Versteckspiel aufgeben und anfangen, Fangen zu spielen: »Ich bin es.« »Sie sind es.« »Vielen Dank.«

Sie werden sich also in diesen Tagen und Zeiten selbst wählen müssen – oder auch nicht, wie Sie wollen. Wie *Sie* wollen. Doch wenn Sie sich selbst dazu auserwählen, in diesem speziellen Spiel mitzuspielen, dann werden Sie feststellen, daß Sie sich dazu gebracht haben, Ihre ganzen vormaligen Glaubensvorstellungen, Erkenntnisse und Gedanken darüber, was Sie hier tun und warum Sie sich zu diesem Zeitpunkt und an diesem Ort in Ihren Körper begeben haben, beiseite zu lassen. Sie werden alle Ihre Gedanken, die Sie jemals darüber hatten, ändern. Und Sie werden entdecken, daß Ihr Leben in der Tat nichts mit Ihnen oder Ihrem Körper zu tun hat.

Ironischerweise wird Ihnen in dem Augenblick, in dem Sie sich dazu entscheiden und erklären, daß Ihr Leben nichts mit Ihnen oder Ihrem Körper zu tun hat, alles, was Sie jemals anstrebten, wonach Sie dürsteten, was Sie für sich selbst und Ihren Körper zu erhalten bemüht waren, *automatisch* zukommen. Und das wird Ihnen sogar egal sein, denn Sie werden es nicht länger brauchen. Sicher, Sie werden es genießen. Aber Sie werden es nicht mehr brauchen. Und der Kampf wird endlich vorbei sein.

Aber für Hunderte und Tausende, ja vielleicht Millionen von Menschen, deren Leben Sie berühren werden, wird er erst begonnen haben. Und Sie werden sie jeden Tag sehen – Menschen, die am Anfang des Kampfes stehen, die jene ersten paar Schritte auf der Reise nach Hause tun. Diese Menschen werden, so wie Sie, bildlich gesprochen, wenn nicht sogar im buchstäblichen Sinne, eine Hand ausstrecken. Und sie werden sich umsehen und hoffen, jemanden zu finden, der ihnen eine Hand entgegenstreckt und sagt: »Komm, folge mir«, der zu sagen *wagt:* »Ich bin der Weg und das Leben. Folge mir.«

Das mag sich für manche Menschen allzu religiös anhören. Aber dies ist das dritte und letzte der Kinderspiele, das das Kind in uns, nämlich unsere Seele, spielen wird. Nicht mehr *Verstecken;* nicht mehr *Fangen;* jetzt ist *Folgt dem Anführer* dran.

Folgt dem Anführer. Und Sie sind die Anführerin oder der Anführer. Und wir werden Ihnen folgen. Wir werden in Ihre Fußstapfen treten. Ich werde die Wahl treffen, die du treffen wirst. Wir werden die Entscheidungen fällen, die du fällst. Wir werden die Worte sagen, die du sagst, wir werden die Welt so berühren, wie du sie berührst. Wir folgen deiner Führung.

Würde es für Sie am Verlauf dieses Tages irgend etwas ändern, wenn Sie sich vorstellten, daß die ganze Welt Ihnen heute zusieht und in allem, was

Sie denken, sagen und tun, Ihrem Beispiel folgte? Für manche von Ihnen würde das vielleicht ein ganz kleines bißchen ändern.

Nun, die ganze Welt folgt Ihnen, ob Sie es wissen oder nicht. Das ist das große Geheimnis: Die ganze Welt – und ganz sicher die Welt derer, deren Leben Sie berühren – folgt Ihnen. Wir sehen Ihnen zu. Wir sehen, wer Sie wirklich sind. Wir sehen, wer Sie Ihrer Meinung nach sind. Und wir orientieren uns an Ihnen. Wie Schauspieler auf der Bühne imitieren wir Sie, weil wir sonst niemanden haben, den wir imitieren können. Wir sind alles, was da ist. Da ist sonst niemand.

Wir können uns außerhalb unserer selbst nach irgendeinem größeren Vorbild irgendwo da oben im Himmel oder auch in unserer eigenen Phantasie umsehen, letztlich aber werden wir doch einander imitieren. Letztlich werden Kinder ihre Eltern, Eltern ihre Eltern, wird eine Nation eine Nation nachahmen. Letzten Endes orientieren wir uns aneinander, bis einer von uns hervortritt und sagt: »Nicht jenen Weg. Diesen Weg.«

Also ist Ihre Entscheidung zu diesem Zeitpunkt Ihres Lebens, in dieser kritischen Phase zur Jahrhundertwende und des Eintritts in ein wahrhaft neues Zeitalter von entscheidender Bedeutung. Es ist keine geringfügige Entscheidung, denn Sie treffen sie nicht nur für sich selbst. Die Entscheidung, die Sie in diesen Tagen und Zeiten treffen, treffen Sie auch für alle anderen im Raum. Und der Grund dafür ist sehr klar. Denn außer Ihnen *ist* sonst niemand im Raum. Hier sind Sie in Ihren vielen anderen manifesten Formen; hier sind *Sie.* Also treffen Sie die Entscheidung, die Sie für sich selbst treffen, für alle von uns. Denn es gibt hier nur einen von uns.

Das mag sich ein bißchen esoterisch anhören. Erst klinge ich religiös und nun auch noch esoterisch. Doch diese Gedanken, diese Konzeptionen, diese Ideen sind es, die jetzt die Maschinerie unserer kollektiven menschlichen Erfahrung antreiben müssen, oder unsere kollektive menschliche Erfahrung wird nicht sehr viel länger kollektiv bleiben, sondern wird sich zersetzen und auseinanderfallen, so wie unser Planet auch.

Wir sind jetzt an diesem Punkt angelangt. Als die Flugzeuge früher den Ozean überquerten, gab es den »Punkt ohne Wiederkehr«. Zu weit, um umzukehren, und noch nicht weit genug, um sicher am Zielort zu landen. Sie wissen, es gibt da diese schmale rote Zone, in der man weder hier noch dort, weder dort noch hier ist.

Es fühlt sich ganz so an, als befänden wir uns auf unserem Planeten jetzt in vielerlei Hinsicht auch in dieser Zone: hinsichtlich unserer Ökologie, hinsichtlich unserer globalen Ökonomie. Wir sehen, daß, was unsere sozialen Strukturen, unser spirituelles Verständnis, die Erziehung unserer Nachkommenschaft angeht, in vielen Gegenden der Welt das Ganze auseinanderbricht. In so vielerlei Hinsicht und in so vielen Bereichen scheinen wir uns in diesem Niemandsland, in dieser roten Zone zu befinden. Wir sind nicht hier und auch nicht dort, befinden uns aber jenseits des Punkts ohne Wiederkehr. Wir haben den Rubikon überschritten. Und nun stellt sich die Frage: Was tun wir, und wie kriegen wir den Rest von uns hinüber auf die andere Seite? Die Antwort auf diese Frage wird vom Menschengeschlecht, von Menschen wie Ihnen gegeben werden. Von Ihnen.

Und wenn Sie glauben, es geht dabei um Menschen wie mich, der ich hier zufällig an diesem speziellen Tag zu dieser Stunde vor Ihnen stehe und rede, dann irren Sie sich. Ich möchte Ihnen klarmachen, daß es nicht um die Menschen geht, die vorne im Raum stehen. Ich bin sozusagen nur aus reinem Zufall hier. Es könnten auch genausogut Sie sein. Tatsächlich möchte ich vorschlagen, daß jetzt einer von Ihnen hier vorkommt und den Rest des Programms bestreitet. (Gelächter.) War nur so ein Gedanke.

Aber das ist der wirkliche Test. Das ist die wirkliche Frage. Wie viele von Ihnen würden, wenn sie die Gelegenheit bekämen, wenn sie vor die Herausforderung gestellt, wenn sie ausgewählt würden, sagen: »He, Neale, weißt du was? Ich bin bereit! Ich geh' aufs Podium, ich stell' mich nach vorne.« Denn das wahre Geheimnis des Lebens besteht darin, daß Sie ohnehin, ob Sie es nun wissen oder nicht, vorne stehen. Das ist der Punkt, den ich Ihnen klarzumachen versuchte. Sie stehen ohnehin vorne im Raum. Es sieht nur so aus, als täten Sie es nicht. Tatsächlich ist die Ironie des Lebens die, daß es gar keinen *anderen* Ort als den vorne im Raum gibt. Es gibt kein hinten im Raum. Sie können sich also nicht mehr verstecken.

Lassen Sie mich Ihnen ein paar Hintergrundinformationen darüber geben, wie alles anfing, und Ihnen erzählen, wie es dazu kam, daß ich nun hier vorne auf diesem Stuhl sitze. 1992 war ich am Ende. 1992 hatte ich einen Punkt erreicht, wo wieder einmal eine enge Beziehung mit einer für mich wichtigen Person zu Ende gegangen war. Beruflich steckte ich in einer Sackgasse. Gesundheitlich war ich am Zusammenbrechen. In meinem Leben funktionierte nichts mehr. Und ich hatte gedacht, daß die Beziehung mit dieser Person diejenige war, die ewig währen würde. Doch da löste sie sich direkt vor meinen Augen auf, zerbröckelte unter meinen Händen.

Es war nicht das erste Mal, daß so eine Beziehung in die Brüche ging. Es war auch nicht das zweite oder dritte oder vierte Mal. (Gelächter.) Also begriff ich, daß es hier etwas gab, das ich nicht wußte, und daß dieses Wissen alles für mich verändern würde – ich wußte nur nicht, was es war. Was mein Beziehungsleben anging, so konnte ich dieses Geheimnis einfach nicht ergründen.

Und in meinem Berufsleben sah ich mich vor die gleichen Herausforderungen gestellt. Wissen Sie, ich hatte alle diese Bücher gelesen: *Tu das, was du gerne tust, und das Geld kommt herbeigeflossen.* Ich glaube das nicht – es sei denn natürlich, es passiert so. Aber ich schien nicht das richtige Rezept finden zu können. Entweder tat ich etwas, das ich gerne tat, war aber völlig pleite; oder ich verdiente genug Geld, aber meine Seele starb tausend Tode. Ich schien nicht zu wissen, wie man beides zusammenbringt. Jedenfalls nicht für lange. Wenn es mal gelang, dann für sechs bis acht Monate, und dann brach wieder alles zusammen.

Nicht anders erging es mir mit meiner Gesundheit: Ich schien kein Jahr durchhalten zu können, ohne daß irgend etwas los war, und manchmal handelte es sich um ziemlich massive Geschichten. Ich meine, ich hatte Geschwüre und war erst sechsunddreißig. Ich hatte eine Menge solcher Dinge. Ich hatte chronische Herzprobleme und einen Haufen anderes Zeug. Und so fühlte ich mich mit fünfzig Jahren so, als wäre ich achtzig – ein nicht gerade sehr gesunder Achtzigjähriger dazu: Arthritis, Fibromyalgie, immer war irgend etwas los. Sie wissen, was ich damit sagen will? Ich konnte diesen Mechanismus nicht zum Funktionieren bringen. Und all das passierte zur gleichen Zeit.

Nun sehen Sie, gewöhnlich hat Gott das irgendwie besser geregelt. Normalerweise ging es um das eine oder andere in meinem Leben. Aber in dieser speziellen Phase bekam ich es aus Gründen, die mir immer noch nicht ganz klar sind, mit allem auf einmal zu tun. »Oh«, sagte Gott, »geben wir's ihm diesmal dreifach. Ziehen wir die alte Beruf-Beziehung-Körper-Nummer in der gleichen Woche ab. Und da stand ich nun. Es war so eine Art dreifacher Lutz, Sie wissen schon, eine Art metaphysischer dreifacher Lutz. Und ich lief über sehr dünnes Eis. Ich wußte nicht, was ich damit anfangen sollte. Ich war sehr, *sehr* wütend – ich drohte in eine chronische Depression zu verfallen.

Und eines Nachts schlug ich die Bettdecke zurück, weil ich voller Ärger und Zorn über mein Leben aufgewacht war. Ich stürmte aus dem Zimmer und suchte mitten in der Nacht nach Antworten. Ich ging dahin, wo ich um diese Zeit immer nach Antworten suche, doch im Kühlschrank fand sich nichts Brauchbares. Also ließ ich mich statt dessen auf der Couch im Wohnzimmer nieder. Und da saß ich also.

Versuchen Sie, sich das vorzustellen. Da sitze ich um vier Uhr morgens auf der Couch und schmore in meinem eigenen Saft. Dann rief ich Gott an. Ich dachte, na schön, ich könnte herumrennen und das Haus einreißen oder was auch immer. Doch ich saß da und rief: »Gott, was braucht es? Was ist nötig, um dieses Spiel zum Funktionieren zu bringen? Irgend jemand soll mir die Spielregeln erklären. Ich verspreche, ich werde sie einhalten. Gib mir einfach nur die Regeln an die Hand. Und wenn du sie mir gegeben hast, dann ändere sie nicht hinterher.« Und ich stellte auch noch eine ganze Menge anderer Fragen.

Und dann sah ich vor mir auf dem Couchtisch einen Notizblock und daneben einen Stift liegen. Ich nahm beides, knipste eine Lampe an und begann meinen ganzen Zorn aus mir herauszuschreiben. Das schien mir eine gefahrlose und ruhige Methode zu sein, morgens um Viertel nach vier damit umzugehen. Ich weiß nicht, wie es Ihnen ergeht, wenn Sie wütend sind und schreiben, aber ich lege dann wirklich los. Ich schrieb also. *Was ist nötig?* Ich war wirklich sehr aufgebracht. *Damit das Leben funktioniert? Was habe ich getan, daß ich in meinem Leben ständig so kämpfen muß?* Ausrufezeichen, Ausrufezeichen, Ausrufezeichen.

Und in dieser Art machte ich ungefähr zwanzig Minuten lang immer weiter, schrieb mir meinen Zorn von der Seele und forderte das Universum auf, mir eine Antwort zu geben. Und dann beruhigte ich mich allmählich etwas und fühlte mich ein klein wenig besser. Ja, ich fühlte mich okay. He, das hat funktioniert, dachte ich. Den Tip muß ich ein paar Freunden von mir geben. Das funktioniert tatsächlich. Dann wollte ich den Stift auf den Tisch legen, aber der Stift wollte meine Hand nicht verlassen. Ich sah mir das an und dachte: »Ist das nicht interessant? Meine Hand ist vom Schreiben ganz verkrampft.« Man findet immer einen Grund für alles.

Ich führte den Stift wieder zum Papier aus Gründen, die mir jetzt nicht klar sind. Und mir kam ein Gedanke. Eine kleine Stimme ließ sich direkt über meiner rechten Schulter vernehmen. Ich nenne sie nun meine stimmlose Stimme. Als ich sie zum erstenmal hörte, war es so, als ob mir jemand ins rechte Ohr flüsterte. Und mich überkam ein Gefühl von außerordentlicher Ruhe. Ich war, ich möchte sagen, befriedet – sehr im inneren Frieden und von einer unbeschreiblichen Freude erfüllt.

Wenn ich an Augenblicke in meinem Leben denke, in denen ich eine vergleichbare Freude verspürte … Wie der Augenblick, in dem Menschen heiraten. Ich meine nicht einmal die ganze Zeremonie, sondern den Moment, in dem der Geistliche schließlich fragt: »Willst du …« Und Sie blicken sich in die Augen, halten für einen Moment inne und sagen dann: »Ich will.« Da war dieser winzige Augenblick, in dem dein ganzer Körper von etwas erfüllt ist, das du nicht beschreiben kannst, und dir wird klar, daß du eine enorm wichtige Entscheidung triffst, eine Wahl riesigen Ausmaßes, und du bist so glücklich darüber, daß du auch nicht mehr den allergeringsten Zweifel daran hast – dieser Augenblick völligen Glücklichseins … wirklicher Freude.

Ich denke, wir alle haben solche Augenblicke, vielleicht drei oder vier, möglicherweise auch fünf in unserem Leben, in denen wir von diesem Gefühl von »Richtigkeit« erfüllt sind, in denen wir spüren, das ist total richtig, das ist total von Freude erfüllt. So fühlte ich mich in dem Augenblick, als ich die stimmlose Stimme zum erstenmal hörte. Nur … Freude. Eine friedvolle, besänftigende Freude.

Die stimmlose Stimme sagte: »Neale, willst du wirklich Antworten auf alle diese Fragen haben, oder läßt du nur Dampf ab?« Und ich antwortete: »Na, du weißt, ich lasse Dampf ab, aber wenn du Antworten hast, dann will ich sie verdammt gerne wissen.« Und dann kamen die Antworten – in einer Flut. Es kam die Antwort auf jede Frage, die ich stellte. Und das so schnell, daß ich das Gefühl hatte, ich müßte sie aufschreiben, um sie nicht zu vergessen. Sehen Sie, ich hatte nie vor, ein Buch zu schreiben. Ich schrieb das Zeug einfach auf, weil ich nicht all das vergessen wollte, was mir da kam.

Ich schrieb also alles auf, so schnell meine Hand nur irgend konnte. Und als ich las, was ich da schrieb, kamen mir natürlich weitere Fragen. Denn es war erstaunliches Zeug, was da aus dem Stift floß. Ich fing also an, die Fragen aufzuschreiben, die durch die Antworten in mir hochkamen, und das führte zu weiteren Antworten. Ehe ich mich's versah, war ich in einen schriftlichen Dialog mit jemandem verwikkelt, der, wie mir später kam, Gott sein mußte.

Das ist die Kurzfassung der Geschichte, wie es dazu kam, daß ich hier bin – und dazu, daß ich diesen zu Papier gebrachten Dialog an einen Verleger schickte.

Die Leute fragen mich oft: »Warum haben Sie das gemacht, wenn Sie gar nicht vorhatten, ein Buch zu schreiben?« Nun, Sie erinnern sich vielleicht, daß in Band 1 gesagt wird, daß daraus eines Tages ein Buch entstehen wird. Und ich dachte, na gut, ich werde Gott einfach auf die Probe stellen. Ja, ich habe die Gottheit tatsächlich auf die Probe gestellt. Denn als ich hinschrieb: »Dies wird eines Tages ein Buch werden«, war mein erster Gedanke: »Na klar, du schickst wie hundert andere Leute deine mitternächtlichen labyrinthischen Gedankengänge an einen Verleger, der sich dann sofort darauf stürzen und sagen wird: ›Mein Gott, *natürlich werden wir das sofort herausbringen*!‹ Und Millionen Menschen auf der ganzen Welt werden dieses Ding kaufen.«

Nur daß es in diesem Fall tatsächlich genauso passierte. Es wurde verlegt. Und Millionen von Menschen kauften es. Es wurde weltweit in siebenundzwanzig Sprachen übersetzt. Es ist wirklich eine erstaunliche Erfahrung, etwas, das du geschrieben hast, ins Japanische oder Griechische oder Hebräische übersetzt zu sehen und dir zu vergegenwärtigen, daß du tatsächlich die ganze Welt berührt hast.

* * *

Warum sitze ich also hier vorne? Ich will Ihnen sagen, warum ich mich dazu entschieden habe. Mir ist nun sehr klar, daß ich dazu aufgerufen wurde, ein Bote zu sein. Mir ist nun sehr klar, daß ich tatsächlich schon immer ein Bote war, und daß ich mir gar nicht erlauben kann, woanders als hier vorne zu sein. Denn ich habe all denen, deren Leben ich berühre, eine sehr wichtige Botschaft mitzuteilen. Und das ist die Botschaft: Ihr *alle* seid Boten, und es gibt keinen anderen Ort für euch als den vorne im Raum. Ihr alle habt all jenen, deren Leben ihr berührt, eine sehr wichtige Botschaft mitzuteilen. Und das ist die wichtige Botschaft, die ihr ihnen mitzuteilen habt: Sie alle, jede und jeder von ihnen, sind Boten. Und sie sind gekommen, um eine sehr wichtige Botschaft mitzuteilen. Es gibt keinen anderen Ort für sie als den vorne im Raum. Und hier ist die wichtige Botschaft, die sie mitzuteilen haben: Jedermann ist ein Bote.

Es war eine dunkle und stürmische Nacht, und eine Gruppe von Banditen saß um ein Lagerfeuer. Einer der Banditen sagte: »Chef, erzähl uns eine Geschichte.« Und der Anführer sagte: »Es war eine dunkle und stürmische Nacht, und eine Gruppe von Banditen saß um ein Lagerfeuer. Einer der Banditen sagte: ›Chef, erzähl uns eine Geschichte.‹ Und dieser sagte: »Es war eine dunkle und stürmische Nacht …‹«

Sie sehen also, es ist ein Kreis. Die ewige Geschichte des Lebens ist immer dieselbe Geschichte. Die gloriose Botschaft, die ich mitzuteilen habe, ist immer die gleiche Botschaft, nämlich die, daß ihr gekommen seid, um eine Botschaft mitzuteilen. Und die Botschaft, die ihr mitteilt, ist die, daß sie gekommen sind, um eine Botschaft mitzuteilen. Und hier ist die Botschaft, die wir uns alle gegenseitig mitteilen sollen: »Hallo, *wach auf*! Weißt du, wer du wirklich bist? *Wach auf.* Verstehst du?«

Hier ist die Botschaft, die mitzuteilen wir gekommen sind: Du und ich sind eins. Es gibt nur einen von uns im Raum. Wenn du glaubst, daß wir voneinander getrennt sind, dann vergiß es. Wir sind nicht voneinander getrennt. Es gibt nur einen von uns im Raum. Und es gibt keine Unterschiede zwischen uns. Wenn du denkst, es gibt einen Unterschied zwischen uns, dann vergiß es. Weil es keinen Unterschied zwischen uns gibt. Und hör auf mit dem Versuch, einen künstlichen Unterschied herzustellen, wo es gar keinen gibt. Du und ich sind eins. Es gibt nur einen von uns im Raum, nur einen von uns auf dem Planeten, nur einen von uns in der gesamten Schöpfung. Alles, was dir Schmerz und Leid, Qualen und Kämpfe, Herzschmerzen und Schwierigkeiten bereitet, wird verschwinden. Es wird sich ganz einfach verflüchtigen.

Also hör auf zu denken, daß du dort drüben bist und ich hier bin. Es gibt keinen Ort, wo »du« aufhörst und »ich« anfange – eine so einfache und elegante Botschaft, die alles verändert. Wann werden wir sie begreifen? *Wann werden wir sie begreifen?* Wir begreifen sie, wenn wir sie aussenden. Habt ihr das gehört? Wir begreifen die Botschaft, wenn wir sie *senden.*

Da sind wir also heute hier zusammen. Ich kam in den Raum und dachte: »Was zum Teufel mach' ich hier? Sehen Sie, wenn ich nicht aufpasse, mag es schnell so aussehen, als hätte ich Ihnen etwas zu sagen, das Sie noch nicht wüßten. Da muß ich wirklich aufpassen. Und wenn wir nicht aufpassen, könnte es für *Sie* so aussehen, als müßten Sie etwas hören, das Sie noch nicht wissen, das Sie noch nie zuvor gehört haben. Wenn wir nicht aufpassen, vergessen wir möglicherweise, wer wir wirklich sind, und spielen ein Spiel, das da heißt: »Ich weiß etwas, was du nicht weißt.« Nur daß ich nicht willens bin, jetzt oder jemals dieses Spiel zu spielen. Mir ist überaus klar, daß ich nichts zu sagen habe, was Sie nicht bereits wüßten. Also vielen Dank, daß Sie gekommen sind, und leben Sie wohl.

Sehen Sie, seit ich hier reingekommen bin, habe ich schon versucht, irgendeinen Weg zu finden, wie ich hier wieder rauskomme. Jetzt hab' ich ihn gefunden. Na schön, wir wollen hier ja ein bißchen über eines unserer wichtigsten Themen, nämlich Fülle und die richtige Lebensweise, sprechen ... hier hat jemand die Hand gehoben, und ich habe das schon eine Viertelstunde lang ignoriert.

Als Sie davon sprachen, daß Sie diese Stimme gehört haben, über Ihre linke Schulter hinweg ...

Tatsächlich war es die rechte Schulter, aber wen interessiert das ...

Als Sie dann schrieben, Fragen stellten, eine Antwort bekamen, Bücher schrieben, war da mit dieser Stimme oder diesem Impuls zu schreiben ein spezielles Gefühl verbunden? Ein noch etwas anderes Gefühl als jenes, wenn wir zuweilen eine Stimme hören oder uns zum Schreiben gedrängt fühlen? War da noch etwas anderes, eine Präsenz, eine gefühlsmäßige Wahrnehmung oder… Können Sie uns beschreiben, wie sich das anfühlte?

Es war eine Weichheit. Es fühlte sich so an, als ob sich mein ganzer Körper in Pudding verwandelt hätte. Ich kann es kaum beschreiben. Es war, als ob jegliche Angst oder Spannung oder, ich möchte sagen, »Negativität« aus meinem Körper gewichen war, als ich auf dieser Couch saß. Ich kann dieses Gefühl, fast ohne Willensanstrengung, in mir zurückrufen – kann hier alle Anspannung loslassen. Es ist einfach passiert. Und dann plötzlich kam aus dieser Weichheit heraus… Es ist schwer, darüber zu sprechen. Ich tauche fast sofort wieder darin ein.

Es fühlt sich so an, als senkte sich ein Friede auf Sie herab?

Es ist Friede und das Gefühl von unbegreiflicher Freude und von Einssein – eine Freude, die mich fast in Tränen ausbrechen läßt. Die Art von tiefer, tiefer Freude. Und vom ersten Augenblick an, als ich da so saß, begannen die Tränen zu fließen. Ich kann mich daran erinnern, daß ich noch nicht mehr als zehn Worte geschrieben hatte, als die Tinte auf dem Papier verwischte. Ich benutzte einen dieser Filzschreiber – und die Tinte zerfloß, während mir die Tränen über das Gesicht liefen.

Jetzt habe ich mich an diese Erfahrung gewöhnt. Jetzt ist mir bewußt, was passieren wird. Ich weiß, wie es sich anfühlt. War jemand von Ihnen einmal bei der Geburt eines Babys dabei? Und haben Sie es in diesen ersten drei oder fünf Minuten seines Lebens in den Armen gehalten? Wenn Sie jemals diese Erfahrung gemacht haben – so fühlte es sich an. So fühlte es sich an, als ich mein Kind in den ersten paar Augenblicken seines Lebens in den Armen hielt und in sein Gesicht blickte. Und es gab kein anderes Gefühl außer diesem Einssein, dieser völligen Verbundenheit, dieser Liebe, die keine Grenzen und auch keine Bedingungen kennt... Das kann man nicht in Worte fassen, aber so fühlte es sich an – wie wenn Sie ein neugeborenes Baby in den Armen halten. Und ich wußte in diesem Moment, daß ich tatsächlich ein neugeborenes Kind in den Armen hielt. Ich wußte, daß ich ein neues Ich geboren hatte.

Das habe ich noch nie zuvor gesagt. Dieses Bild

kommt mir als Antwort auf Ihre Frage. Sie wissen es, wenn Sie eine Wiedergeburt erleben. Das muß Ihnen niemand sagen. Sie wissen es. Und Sie kommen aus diesem Augenblick hervor und fühlen sich nie wieder als derselbe – haben nie wieder dasselbe Gefühl in bezug auf sich selbst oder andere.

Alle Barrieren zwischen Ihnen und anderen Personen brechen nieder. Alles Gefühl von Getrenntsein verschwindet. Und dann werden Sie zu einer sehr gefährlichen Person. Denn Sie wollen auf die Menschen zugehen und sie umarmen. Sie wollen einfach hingehen und sagen: »Ich liebe Sie so sehr.« (Gelächter.) Und dann können Sie nur hoffen, daß Sie nicht verhaftet werden, vor allem, wenn Sie das, Gott bewahre, mit einem anderen Mann anstellen... Denn die Gesellschaft sagt, daß sich so etwas nicht gehört. Wenn Sie ein Mann sind, dann passen Sie auf... diese Sache mit der Gleichgeschlechtlichkeit. Sie wissen schon, wir haben alle diese...

Entschuldigen Sie, ich muß über mein eigenes Gerede weinen. (Gelächter.)

Seit Anbeginn der Zeit wollten wir alle nichts weiter als lieben und geliebt werden. Und seit Anbeginn der Zeit haben wir nichts weiter getan als moralische Schranken, religiöse Tabus, ethische Prinzipien, Familientraditionen, philosophische Gedankengebäude und alle Arten von Regeln aufzustellen, die uns sagen, wer, wann, wo und wie man lieben darf; und wer, wann, wo und wie nicht. Leider ist die zweite Liste länger als die erste.

Was machen wir? *Was machen wir da?* Wenn ich zu diesem Typ ginge und sagte: »Die Schönheit in mir sieht die Schönheit in dir.« Was wäre so falsch daran? Oder warum sollte es nicht okay sein, wenn ich auf einen Fremden zuginge und sagte: »Ich sehe, wer du bist.«

Leute, ich verstehe nicht, wie es zu unserem Entschluß kam, solche Konstruktionen aufzubauen. Aber ich muß euch sagen: Wenn wir diese Konstruktion nicht verändern, werden wir nie wahrhaft erfahren, wer wir wirklich sind. Es ist also an der Zeit, daß wir die Dinge umgestalten und neu erschaffen. Ja, es ist an der Zeit, daß wir uns selbst neu erschaffen – in der nächstgrößten Version der großartigsten Vision, die wir je darüber hatten, wer wir sind.

Junge, Junge, Junge … Bringt mich nicht in Fahrt. Stellt mich nach vorne in einen Raum voller Menschen, so wie hier, und ich sehe potentielle neue Armeemitglieder. Was kann ich tun, um sie zu rekrutieren? Wie kann ich sie zum Mitspielen bewegen? Hatten Sie je dieses Gefühl, wenn Sie zum Spielplatz gingen? Ich ging immer über einen Hügel zum Spielplatz in unserem Viertel. Da gab es acht Häuserblocks von unserem Haus entfernt einen großen Spielplatz. Und wenn ich mich ihm näherte, wurde ich ganz aufgeregt: »Ich frage mich, wer da ist.« Wenn ich dann ankam, sah ich ein paar Kinder dort spielen. Manche von ihnen kannte ich, andere nicht. Sie stammten aus einem anderen Viertel. Ich kann mich noch daran erinnern, daß ich immer dachte: »Wie kann ich sie dazu bringen, daß sie mit mir spielen?« Hatten Sie je dieses Gefühl, wenn Sie zu einem Spielplatz kamen?

Dann betrittst du den Spielplatz, und manche Kinder sagen: »Hallo Neale. Ich spiel' mit dir.« Andere Kinder dagegen: »Ach, da ist wieder dieses Großmaul Walschie.« Und du wirst abgelehnt. Wurde je einer von Ihnen auf dem Spielplatz abgelehnt? Keiner? Keiner von Ihnen? So fühlt es sich an, wenn ich einen Raum wie diesen betrete. »O Junge, ich frage mich, ob sie mit mir spielen. Würde es nicht Spaß machen, wenn sie es täten?«

Spielen wir also ein bißchen mit diesem Material herum. Schauen wir uns ein paar von den Dingen an, die mir in diesem außergewöhnlichen Dialog, in den ich mich verwickelt fand, gesagt wurden. Reden wir über die Fülle.

Fülle ist ein Thema, für das ich mich, wie viele andere Leute auch, jahrelang sehr stark interessiert habe. Als ich mich tiefergehend damit zu befassen begann und anfing, meine Informationen von einer höheren Autorität zu bekommen, begriff ich als erstes, daß ich das, was Fülle wirklich ist, falsch definiert hatte. Ich dachte, daß Fülle Sachen bedeutet, daß es damit zu tun hat, wieviel Zeug ich habe.

Ich hasse es, hier die Dinge zu vereinfachen. Ich hasse es, Ihnen etwas so Offensichtliches zu sagen, denn ich weiß, daß Sie es bereits wissen. Aber die von Ihnen, die vergessen haben, daß sie es wissen, möchte ich an das erinnern, woran ich in meinem Dialog erinnert wurde: Echte Fülle hat gar nichts zu tun mit dem, was ich habe, und hat alles mit dem zu tun, was ich bin. Und wenn ich meine Fülle des Seins in aller Fülle mit jenen teile, deren Leben ich berühre, dann kommt mir alles, was zu haben ich bestrebt war, automatisch zu, ohne daß ich mich darum bemühen muß.

All das Zeug, das ich für Fülle hielt, Sie wissen schon, all das schöne Kristall und die wundervollen Antiquitäten und die elegante Kleidung, all das fiel irgendwie an seinen Platz, ohne daß ich darum kämpfen mußte. Ich strebte also nach dem, was ich für Fülle hielt, und es war einfach nur Zeug. Und das, was ich bereits in großer Fülle *hatte,* ignorierte ich praktisch.

Ich kann mich erinnern, daß ich vor wenigen Wochen in einem Raum voller Menschen saß, ein bißchen größer als dieser hier. Ich leitete ein Retreat in den wunderschönen Bergen von Colorado, in Estes Park. Und eine der anwesenden Personen, ein Mann, sagte zu mir: »Ich wollte, ich könnte die Erfahrung von Fülle machen.« Das war sein Anliegen. Und er sagte weiter: »Wissen Sie, ich verdiene nicht sehr viel Geld. Ich habe kaum genug, um so durchzukommen. Ich mußte wirklich die letzten Cents zusammenkratzen, um hierherzukommen.« Und so weiter. Und dann: »Mein ganzes Leben lang wollte ich die Art von Fülle erleben, die ich Sie – und er deutete auf mich – erleben sehe.« Ich erwiderte: »Nun, warum verbringen Sie nicht, wenn Sie wirklich die Erfahrung von Fülle machen wollen, Ihre Mittagspause damit, reichlich von dem zu geben, was Sie haben.« Er blickte mich ziemlich verblüfft an und sagte: »Ich habe nichts zu geben.«

Er dachte wirklich – er erfand das nicht –, er dachte wirklich, er hätte nichts zu geben. Also sah ich ihn an und mußte anfangen, ganz offensichtliche Dinge zur Sprache zu bringen. »Haben Sie Liebe zu geben?« fragte ich.

»Oh«, machte er und war sich in diesem Punkt nicht ganz sicher. Aber er mußte wohl einräumen, daß er vielleicht doch einen Krümel Liebe in sich hatte, den er geben konnte. »Ja, ja«, sagte er schließlich, »ich nehme an, ich habe etwas Liebe zu geben.«

»Haben Sie Mitgefühl?« fragte ich weiter. »Finden Sie in sich auf irgendeiner Ebene Mitgefühl?«

»Ja, ich denke, ich habe ein bißchen Mitgefühl. Einige haben mich schon als mitfühlenden Menschen bezeichnet..

Es fiel ihm übrigens schwer, das auszusprechen. Es kam ihn hart an, die Worte »Mitgefühl« und »ich« in einem Satz zu gebrauchen. Aber er räumte ein, daß er vielleicht auch davon etwas zu geben hatte.

Hatte er Humor?

»Oh, ja«, erwiderte er. »Ich habe genug Witze auf Lager, daß es für ein ganzes Leben reicht.«

»Großartig«, sagte ich.

Wir stellten eine Liste mit den Dingen auf, die er in Fülle hatte. Aber natürlich dachte er, diese hätten nichts mit der Art von Fülle zu tun, die er meinte. »Okay«, sagte ich. »Lassen Sie uns darin einig sein, daß wir uns in unserer Definition von Fülle nicht einig sind. Und lassen Sie uns darin einig sein, daß Sie *dieses Ding* in Fülle haben.« Damit war er einverstanden.

»Schön«, sagte ich. »Und nun möchte ich, daß Sie folgendes tun. Ich möchte, daß Sie in der Mittagspause von den Dingen geben, die Sie, wie Sie zugeben, in Fülle haben. Geben Sie sie reichlich. Geben Sie jedem, dessen Leben Sie in den nächsten neunzig Minuten berührt, mehr, als Sie je zuvor gegeben haben. Das ist die Herausforderung, vor die ich Sie stelle.« Und er nahm die Herausforderung an.

Also zog er los in die Mittagspause, die wenige Minuten später begann, und fing an, an alle in diesem YMCA-Camp, in dem das Retreat stattfand, das zu verströmen, was er in Fülle hatte. Und da war nicht nur unsere Gruppe, sondern es hatten sich auch andere Gruppen aus anderen Orten dort eingemietet. Insgesamt waren es wohl sechshundert Leute, zweihundert befanden sich in unserem Retreat, vierhundert nahmen an anderen Veranstaltungen teil. Es waren also eine Menge fremde Menschen da, die diesen Typen gar nicht kannten oder wußten, was er vorhatte. Er ging in die Cafeteria. Das war schon eine ziemliche Herausforderung für ihn. Zwar wußte seine Gruppe, daß er sich nun verrückt aufführen würde, doch alle anderen wußten es nicht.

Sehen Sie, wenn Sie von sich reichlich geben, nennt die halbe Welt das Verrücktheit. Die Leute sagen, du hast eine Schraube locker, irgend etwas stimmt mit dir nicht. So führt man sich nicht auf. Und das ist natürlich das Problem. Also er ging auf die Leute in der Cafeteria zu und teilte mit ihnen reichlich das, was er in Fülle hatte. Er teilte seine Liebe, seine Fröhlichkeit und seinen Humor. Er erzählte überall Witze. Manche Leute lachten: »Ha, ha, ha, ha, das ist wirklich komisch.« Und andere lachten: »Ha, ha... wer ist dieser Kerl?« Aber keiner konnte umhin, nicht wenigstens ein bißchen zu lachen. Selbst jene, die seine Witze nicht komisch fanden, mußten über diesen wunderbaren Kerl, der da plötzlich in der Cafeteria aufgetaucht war, zumindest etwas grinsen.

Er ging herum und sagte wunderbare Dinge zu den Leuten. Eine Person war in einer ziemlich schlechten Verfassung, und das war seine Gelegenheit, Mitgefühl zu bezeugen. Er tat es, indem er aufhörte, einen seiner schlechten Witze zu erzählen. Er setzte sich neben diese Person. »Ich kenne Sie nicht«, sagte er, »aber ich gehöre zu dieser Gruppe, die dort in dem anderen Gebäude ein Retreat macht. Ist alles in Ordnung? – Und unversehens war er in ein Gespräch über Gott verwickelt und konnte diesen Teil von sich selbst zum Ausdruck bringen.

Neunzig Minuten später kam dieser Typ von der Mittagspause zurück und fühlte sich riesig. »Ich kann Ihnen gar nicht sagen, wie ich mich fühle«, sagte er. »Haben Sie nun das Gefühl von Fülle?« fragte ich. »Ja«, erwiderte er. »Ich fühle mich unermeßlich reich. Reich an all diesen großartigen Aspekten von mir, denen ich im Grunde nie erlaubte, sich zum Ausdruck zu bringen. Das habe ich mir nie gestattet.«

Aber das wirklich Lustige an der Sache war, daß

die Gruppe ihm einen »Streich« spielte. Während er in der Mittagspause war, holte jemand einen Hut, und alle im Raum taten Geld hinein. Als er zurückkam, war da also eine Menge Geld im Hut. Die Teilnehmer wollten ihm nämlich beweisen, daß das, was man gibt, auch wieder zu einem zurückkommt. Es war einfach diese unglaubliche, aus dem Augenblick geborene Erfahrung von der Wahrheit. Haben Sie jemals eine dieser spontanen Erfahrungen von Wahrheit gemacht? »Boing!« und Sie schlagen sich an die Stirn. Denn es ist so offensichtlich und kommt so deutlich zum Ausdruck.

Nachdem er sich also auf seinem Stuhl niedergelassen und allen über seine Erfahrungen berichtet hatte, überreichten sie ihm seinen Haufen Geld. Er saß nur da, und die Tränen begannen zu fließen. In dem Moment hat er unmittelbar erfahren, was in alle Ewigkeit so ist: Das, was du einem anderen gibst, gibst du dir selbst. Du kannst es in der einen Form geben und bekommst es in einer anderen zurück. Aber es kommt unweigerlich zu dir zurück, weil da nur einer von uns im Raum ist. Das Leben dieses Mannes veränderte sich aus seinem neuen Bewußtsein heraus. Er hatte begriffen, was Fülle wirklich ist.

Auch Menschen, die auf der Straße leben, können ein Bewußtsein von Fülle entwickeln. Das können sie als erstes dadurch tun, daß sie anderen das zukommen lassen, was sie selbst gerne erleben würden. Denn auch wenn du sehr wenig hast, kannst du immer jemanden finden, der noch weniger hat.

Das erinnert mich an die Geschichte von einem Mann namens Joe, der in San Francisco buchstäblich auf der Straße lebte. Und er, der so wenig hatte, machte es sich jeden Tag zur Aufgabe, jemanden zu finden, der noch weniger hatte. Wenn es ihm gelang, ein paar Dollar auf der Straße zu erbetteln, gab er mehr als die Hälfte davon einem, der noch weniger hatte. Er war ein sehr reicher Mensch; er war als der König der Straßen bekannt, weil er für alle anderen auf der Straße die Quelle der Fülle war.

Die Menschen, die auf der Straße leben, können anfangen, Fülle zu erfahren, wenn sie willens sind, einen anderen, dessen Leben sie berühren, in diesem Moment Fülle erfahren zu lassen. Das scheint leichter gesagt als getan – ich meine, während ich das sage, sitze ich hier im Schoß des Luxus. Und ich will nicht hohl klingen und auch nicht überheblich. Aber ich habe auf der Straße gelebt. Ich habe fast ein ganzes Jahr meines Lebens auf der Straße gelebt. Und ich erinnere mich daran, was mich da herausgeholt hat.

Zur Fülle möchte ich Ihnen also als erstes sagen: Werden Sie sich bewußt, was Fülle ist. Und wenn Sie sich dazu entscheiden, all jenen, deren Leben Sie berühren, reichlich von dem großartigsten Teil dessen, was Sie sind, zu geben, wenn Sie sich dazu entscheiden, dann wird sich Ihr Leben binnen neunzig Tagen verändern. Vielleicht auch in neunzig Minuten. Passen Sie auf.

Denn die Leute werden plötzlich begreifen, wer Sie sind.

Lassen Sie mich den Unterschied zwischen Rechtsanwalt A und Rechtsanwalt B erklären. Da haben wir also zwei Rechtsanwälte, die ihr Büro in der gleichen Stadt und auch im selben Häuserblock haben. Sie machten ihren Abschluß an derselben Universität, und beide waren sie unter den Besten. Sie sind also beide gut qualifiziert. Keiner hat einen Ortsvorteil, denn sie arbeiten ja im selben Block in derselben Stadt. Doch Rechtsanwalt A geht es beruflich unglaublich gut, während es Rechtsanwalt B, nur ein paar Meter daneben, weniger gutgeht. Woran liegt das? Was ist hier los? Woher kommt es, daß die eine Person das ist, was wir erfolgreich nennen, die andere aber nicht, obwohl sie sich in allen anderen Dingen ebenbürtig sind?

Es geht also nicht darum, daß der eine schon in den Reichtum oder in dieses oder jenes hineingeboren wurde oder diesen oder jenen Vorteil hatte. Wir sprechen hier, um der Diskussion willen, von zwei Menschen, die in allen anderen Dingen gleichrangig sind. Was geschieht hier? Ganz einfach: Rechtsanwalt A ist sehr klar: Installateur A ist sehr klar. Doktor A ist sehr klar. Es geht nicht darum, was sie tun. Damit hat es nichts zu tun.

Passen Sie also auf, daß Sie sich nicht in der Vorstellung verfangen, daß Ihre Fülle (oder das, was Sie vielleicht Ihren Erfolg im Leben nennen) aus dem hervorgeht, was Sie *tun.* So ist es nicht. Und wenn Sie das nicht schon gelernt haben, wird das Leben es Sie lehren. Denn dann werden Sie all diese Dinge machen, werden dies und das tun und das und dies tun – und landen schließlich nur bei einem großen Haufen Tun und Machen. Dann werden Sie sich fragen: »Wie ich bin zu diesem Haufen von Tun und Machen gekommen? Ich habe doch all die richtigen Dinge getan.« Spätestens jetzt wird es Ihnen dämmern: »Oh, ich kapiere. Es hat nichts mit dem zu tun, was ich tue. Das ist es nicht. So werden mir all die guten Dinge nicht zufließen, von denen ich dachte, daß sie mir zukommen werden.«

Vielleicht sehen Sie einen anderen Menschen auf der Straße, der anscheinend nichts tut. Aber die Fülle strömt auf ihn herab. Er kann sie gar nicht schnell genug wegschaufeln. »Das ist nicht fair«, denken Sie: »Wie kommt er dazu, all das zu haben? Er tut gar nichts.«

Und genau darin liegt natürlich das Geheimnis. Er

tut verdammt gar nichts. Ich meine, und ich wähle hier meine Worte sehr sorgfältig, er tut verdammt gar nichts. Wir haben unser Leben damit verbracht, herumzurennen und all diese verdammten Dinge zu tun. Doch er *ist* etwas. Wenn er einen Raum betritt, *ist* er etwas Außergewöhnliches. Er ist Liebe, Mitgefühl, Weisheit, Humor, Sinnlichkeit. Er ist Freude. *Und er ist eins.* Er ist eins – und das ist die höchste Ebene des Seins.

Sie wissen, was ich meine? Sie gehen zu einem Arzt, zu einem Rechtsanwalt, Installateur, Zahnarzt, Postbeamten – es spielt keine Rolle – Sie gehen zu dieser Person, blicken ihr in die Augen und sagen sich: »Sie begreift mich. Sie sieht mich. Es ist in gewissem Sinne – obwohl Sie es vielleicht nicht so formulieren würden, »so, als ob sie eins mit mir wäre.« Dann gehen Sie davon und denken: »Was für eine nette Person. Was für ein netter Typ. War sie nicht hinreißend…?« Und ich gehe immer wieder zu ihr hin.

Sie wissen, wovon ich spreche? Kennen Sie das? Wenn ich zum Supermarkt gehe, versuche ich immer, mich an ihrer Kasse anzustellen. Weil sie – mir einfach etwas gibt. Da ist nichts im Busch, da ist nur etwas, das in mir den Wunsch erweckt, mich bei dieser Person anzustellen. Weil bei ihr eben dieses gewisse Etwas, etwas Besonderes passiert.

Einmal schrieb ich schließlich einen Brief an den

Postbeamten. Ich weiß nicht, was es mit diesem Typen am ersten Schalter auf sich hat, es geht eine Art Magie von ihm aus. Er magnetisiert einfach alle und zieht sie an seinen Schalter.

Ich fragte ihn, ob er sich reich fühlt. Ich weiß, daß er sich reich fühlt. Und das hat nichts mit seinem Gehalt zu tun. Verstehen Sie? Das macht den Unterschied aus. Das ist der Unterschied zwischen Rechtsanwalt A und Rechtsanwalt B, Installateur A und Installateur B, Person A und Person B da auf dem Gehsteig. Und Sie müssen sich entscheiden, ob Sie eine B-Person oder eine A-Person sein wollen. Wenn Sie sich für die A-Person entscheiden und reichlich von all der Magie geben, die Sie in sich haben, wird die Magie außerhalb von Ihnen von Ihnen angezogen und so sehr Teil von Ihnen werden, wie Sie es zulassen. Kapiert? Wir werden nachher noch darüber sprechen, wie das funktioniert.

Wenn wir also nach der rechten Lebensweise und dem angemessenen Lebensunterhalt suchen, müssen wir unbedingt damit aufhören, uns nach etwas umzusehen, das wir *tun* können, und statt dessen anfangen, uns nach etwas umzusehen, das wir *sein* können. Wir müssen uns mit dem Teil in uns verbinden, der weiß, wer wir wirklich sind. Und wir müssen sehen, was es braucht, um dies in Form des *Seins* hervorzubringen.

Blicken Sie also nach innen. Was ist es, das ich bin, wenn ich mich absolut erfüllt fühle und mich ganz und gar zum Ausdruck bringe? Was bin ich, wenn das passiert? Vielleicht bin ich eine Heilerin, vielleicht bin ich sinnlich, vielleicht bin ich kreativ. Oder da ist eine Ebene oder ein Seinszustand, wo Ihnen mit ein oder zwei Worten die Essenz dessen beschrieben wird, wer Sie sind, welcher Teil von Ihnen sich wirklich kraft- und machtvoll darbietet. Auf diese Weise finden wir zu unserem rechten und angemessenen Tun. Es geschieht, wenn das Tun dem Sein entströmt, und nicht, wenn wir das Tun benutzen, um zum Sein zu *gelangen.*

Ich werde das alles später eingehender erläutern, doch zuvor möchte ich noch auf ein paar andere Punkte zu sprechen kommen, die meiner Beobachtung nach die Menschen von der Erfahrung der Fülle abhalten. Dinge, die mich selbst daran gehindert haben, Fülle zu erleben. Ich werde nun von der Fülle in bezug auf Geld und materielle Dinge sprechen, denn es ist ganz in Ordnung, auch das Fülle zu nennen.

Sehen Sie, ich möchte nicht den Eindruck erwecken, als behauptete ich, dies sei keine Fülle. Als würde Fülle einzig nur das beinhalten, wovon wir vorhin gesprochen haben. Es ist durchaus in Ordnung, wenn wir auch dieses materielle Zeug (das Geld, die Klamotten, die wundervollen Kristallgläser, die Antiquitäten, die schönen materiellen Dinge des Lebens) als Fülle bezeichnen. Wir wollen diese Dinge nicht aus dem Bereich, den wir Fülle nennen, ausschließen. Das war nämlich auch so etwas, das ich getan habe. Ich meine, ich bezeichnete dies in gewissem Sinn schon als Fülle, aber ich mochte es nicht. Lassen Sie mich das erklären.

Viele Menschen denken, daß Geld *per se* etwas Schlechtes ist. Ich weiß nicht, ob Sie auch so denken. Manche Leute hängen unbewußt dieser Überzeugung an. Das heißt, wenn Sie sie fragen würden: »Ist Geld Ihrer Erfahrung nach etwas Schlechtes? Denken Sie, daß Geld etwas Schlechtes ist?« würden sie erwidern: »Nein, Geld ist gut.« Sie verhalten sich aber so, als sei es etwas Schlechtes.

Ich will Ihnen ein Beispiel geben. Ich kannte eine Frau, die nie zugeben würde, daß sie davon überzeugt ist, daß Geld etwas Schlechtes ist. Tatsächlich meint sie, daß sie Geld für eine gute Sache hält. Doch wenn sie Ihnen einen Gefallen tut, sagen wir, zwei Stunden darauf verwendet, Sie zum Flughafen zu fahren oder so etwas, und wenn Sie dann zu ihr sagen. »Laß mich dir etwas Geld für das Benzin geben«, dann ist ihre Antwort: »Oh, nein, nein, nein. Das kann ich nicht annehmen. Auf keinen Fall.«

Sie haben es sicher auch schon erlebt, daß Ihnen eine Person einen Gefallen getan hat und dann, wenn

Sie ihr ein bißchen Geld für ihre Mühe und Kosten anbieten, es nicht annehmen will? Worum geht es hier Ihrer Meinung nach? Sie nimmt freudig Ihren Dank an, aber Geld nimmt sie nicht. Weil Geld im Austausch für eine gute Sache, die sie für Sie getan hat, diese auf irgendeiner Ebene besudelt. Das Geld bringt sie auf eine Ebene herunter, die sich irgendwie schmierig anfühlt.

Übrigens fühlt sich diese Ebene für mich nie schmierig an. Lassen Sie es mich also wissen, wenn mir jemand Geld dafür geben will, daß ich etwas Neues tue. Ich nehme alles Geld hier im Raum an. Das zu sagen ist manchmal schwer, denn die Leute neigen dazu zu denken: »Oh, Neale ist ein wirklich spiritueller Typ. Solche Dinge sollte er nicht sagen.« Aber ich sage diese Dinge.

Ich kannte einmal einen Mann namens Reverend Ike, der zu sagen pflegte: »Ich *liebe* Geld, und das Geld liebt *mich.*« Und das ist eine großartige Botschaft: Ich liebe Geld, und das Geld liebt mich. Ich sage nicht, daß Gott alles ist, mit Ausnahme von Geld. Ich sage vielmehr, daß Gott alles ist, *Geld eingeschlossen;* daß Geld nur eine weitere Form der Energie ist, die wir Gott nennen.

Ich weiß nicht, ob Sie in letzter Zeit Zeitung gelesen haben, aber neulich war da in einer der großen überregionalen Zeitungen ein langer Artikel über die

Volksrepublik China. Dort findet ein unglaublicher Bewußtseinswandel statt, und den Menschen wird jetzt gesagt, wie tugendhaft und glorreich es ist, Geld zu verdienen und zu haben. Können Sie sich das vorstellen? Das in der Volksrepublik China, übrigens eine der siebenundzwanzig Nationen, in denen man die *Gespräche mit Gott* übersetzt hat. Wir haben vor ein paar Monaten entdeckt, daß ausgerechnet für dieses Land die Übersetzungsrechte erworben wurden.

Sie sehen, die Welt verwandelt sich allerorten. Und wenn schon die Bauern in China anfangen, sich über die Herrlichkeit des Geldes klarzuwerden, und darüber, daß es okay ist, es zu haben – meinen Sie nicht, daß dann auch wir so denken sollten? Wir müssen uns von dem Gedanken trennen, daß Geld irgendwie etwas Schlechtes ist.

Wir sprechen vom schmutzigen Profit und vom unanständigen Reichtum. Wir verwenden Ausdrücke, die unsere Gedanken verraten, oder zumindest die kollektive Meinung der Gesellschaft wiedergeben. Ich kann Ihnen sagen, daß diese Vorstellung in der Gesellschaft noch tief verwurzelt ist. Eine der Fragen, die mir am häufigsten gestellt wird, lautet: »Was für ein Gefühl haben Sie, wenn Sie im Land herumreisen und über Spiritualität reden und damit soviel Geld verdienen?« So als ob ich etwas Schlimmes täte. Als ob die Öffentlichkeit irgendwie vor mir gewarnt werden müßte. »Schaut... seht nur, wieviel Geld er damit verdient.«

Und häufig bekomme ich auch Briefe mit der Frage: »Warum geben Sie nicht, wenn Sie wirklich spirituell sind, alle Ihre Honorare den Armen? Oder warum stellen Sie Ihr Buch nicht einfach ins Internet, so daß die Leute gratis Zugang dazu haben?« Wir tun das nicht, weil der Verleger sonst zumachen müßte, und das Buch somit gar nicht erst herauskommen könnte.

Sehen Sie, jemand muß diesen ersten Schritt tun, den man in irgendeiner Form »ein Buch veröffentlichen« nennt. Etwas ins Internet zu stellen, kostet auch Geld. Ich weiß das, denn ich kenne ein paar Leute, die Dinge ins Internet stellen, und sie verlangen eine Menge Geld dafür. Und weil das so ist, stellen wir fest, daß Geld das Gleitmittel ist, das angesichts der gegenwärtigen Strukturierung unserer Gesellschaft die Maschinerie des Lebens auf unserem Planeten am Funktionieren hält. Und das ist in Ordnung.

Also weigere ich mich, mich auf die Ebene der Leute zu begeben, die sagen: »Wenn du wirklich eine spirituelle Person wärst, würdest du dein Buch gratis weggeben. Du würdest die Honorare, die du dafür bekommst, unter den Armen verteilen. Und du würdest nichts davon für dich selbst behalten.« – Nebenbei erwähnt, unterstützen Nancy und ich und die Stiftung, die wir gegründet haben, jedes Jahr viele, viele Anliegen, die es wert sind, mit hohen Geldbeträgen. Das ist nicht wichtig. Es ist nur die Wahrheit. Es ist einfach nur das, was so ist.

Aber wissen Sie, ich liebe es, eine Menge Geld zu verdienen. Denn das gestattet mir, eine Menge Dinge zu tun, und ich bin mir sehr klar darüber, was ich in dieser Welt tun möchte. Ich bin mir klar über die Veränderungen, die ich bewirken will. Und wie ich schon sagte, braucht man dafür ein Gleitmittel.

Ich denke, wir müssen alles vergessen, was wir je über Geld gelernt haben. Ich denke, daß wir wirklich alles von der Tafel löschen müssen. Selbst jenen, die mit ein bißchen Geld in ihrem Leben gesegnet sind, fällt es zuweilen schwer, damit umzugehen – und sich dabei okay zu fühlen. Denn praktisch jede Botschaft, die wir in bezug auf das Geld erhalten haben, macht es zum Bösewicht, zum Schurken. Und damit werden in der Folge auch die, die es haben, zu den Bösewichtern im Leben, obwohl die Leute keine Bösewichter sind, selbst nicht einmal die, die eine Menge Geld haben. Dieser Gedanke hat sich in uns festgesetzt: Geld ist die Wurzel allen Übels. Wir sprechen vom schmutzigen Profit und von den unanständig Reichen. Geld hat irgendwie etwas Dreckiges an sich – etwas Unsauberes. Und es ist fast so, als ob die, die ein bißchen davon haben, auf unverdiente Weise dazu gekommen wären; als sei es nicht fair oder nicht in Ordnung, daß sie es haben. Das Geld ist von einem riesigen Mythos umhüllt. Ich nenne ihn den »Geldmythos«. Und er besagt in unserer menschlichen Gesellschaft, daß Geld im Grunde nicht in Ordnung ist. Das Interessante daran ist, daß jeder es haben möchte. Und das bringt jedermann in die Lage, etwas haben zu wollen, das zu haben nicht in Ordnung ist.

Es ist ein bißchen wie mit dem Sex. Da verhält es sich auch so. Die meisten Menschen, die ich kenne, wollen so viel Sex – guten Sex – haben, wie sie bekommen können. Aber das ist in den meisten Bereichen unserer Gesellschaft nicht in Ordnung – ich mache hier keine Witze, ich meine das ganz ernst. In unserer Gesellschaft ist es nicht in Ordnung, viel Sex haben zu wollen. Und wenn Sie daherkommen und sagen: »Ich will eine Menge Sex haben«, halten die Menschen Sie für geistig gestört oder irgendwie nicht ganz koscher. Mit Geld ist es dasselbe – oder in einem noch stärkeren Maße so.

Wenn Sie Leute auf der Straße nach ihrem Sexleben befragen, werden sie tatsächlich mit Ihnen darüber reden. Aber fragen Sie sie mal, wieviel sie auf ihrem Bankkonto haben. Beobachten Sie ihren Gesichtsausdruck.

»Sie wollen *was* wissen? Wieviel ich auf meinem Bankkonto habe? Entschuldigen Sie mal. Das ist eine sehr intime Frage.« Mit wem sie letzte Nacht geschlafen haben, ist nicht intim – na ja, vielleicht ein bißchen, aber nicht *wirklich* intim. Wir sprechen hier von Geld. Das Thema Geld ist bei den Menschen mit stärkeren Emotionen besetzt als ihre Sexualität. Ist das nicht interessant? Das hat mit all den Botschaften zu tun, die wir unser Leben lang in bezug auf das Geld erhalten haben – neun Zehntel davon waren sehr, sehr negativ.

Also, wie können wir Freundschaft mit dem Geld schließen? Als erstes müssen Sie alles vergessen, was Sie je darüber gehört haben. Und dann müssen Sie statt dessen eine neue Botschaft in sich aufnehmen: Es gibt nichts im Universum, das nicht Gott ist. Und Gott und die Energie, die Gott ist, findet sich in allem, auch im Geld. Es ist nicht so, als existierte Gott überall außer in Ihrem Geldschein. Tatsache ist, Gott *ist* überall.

Wir müssen begreifen, daß Geld einfach nur eine andere Form der Lebensenergie ist. Eine sehr, sehr machtvolle Form, nicht machtvoll für sich genommen, aber machtvoll, weil wir ihr Macht verleihen. Wir haben als Gesellschaft auf diesem Planeten gesagt: »Wir gestehen diesem speziellen Austauschmedium eine enorme Macht in unserem Leben zu.«

Und das sollte es zu etwas machen, das absolut okay ist. Wir haben ihm unseren Segen gegeben. Wir haben gesagt, daß wir dies mehr schätzen als jenes. Wir schätzen zum Beispiel Gold mehr als Dreck, es sei denn, es handelt sich um Dreck an einem bestimmten Ort, der sich sehr schnell in Gold verwandeln kann – Immobilie genannt. Aber sehen Sie, wir haben etwas gesegnet und zugleich verdammt, ein interessanter Widerspruch. Und so haben wir es auch mit dem Sex gemacht, wie ich schon sagte. Wir segnen den Akt der menschlichen Liebe, der sich als sexuelle Reaktion äußert, und verdammen ihn zugleich. Das ist wirklich außergewöhnlich. Und dieses ganze Verhalten entspringt einem noch größeren kulturellen Mythos. Und dieser Mythos, den uns viele Religionen übermittelt haben, besagt leider: »Du sollst dich nicht vergnügen.« Und da Sex und Geld zwei Dinge sind, die uns die Möglichkeit bieten, uns zu vergnügen, haben wir sie zu etwas ganz schrecklich Schlechtem und Falschem gemacht und so auf dem Planeten und in unserem persönlichen Leben riesige Fehlfunktionen erzeugt.

Wie können wir mit dem Geld Freundschaft schließen? Stellen Sie sich vor, das Geld sei ein Geschenk des Universums an Sie, mit dem Sie alles Gute, das Sie je für sich und andere tun wollten, tun können. Doch da müssen wir eine weitere Hürde nehmen. »Mein Gott, wenn ich eine Menge Geld habe, dann kann ich mir ja tatsächlich gute Dinge leisten. Ich könnte hingehen und mir einen sehr teuren Anzug oder ein Paar italienische Schuhe für tausend Mark kaufen.« Habe ich den Mut zu sagen, daß ich italienische Schuhe für tausend Mark trage? Ja, ich trage sie. Wissen Sie, wie lange ich brauchte, es in Ordnung zu finden, daß ich ein Paar italienische Schuhe für tausend Mark trage? Ich meine nicht die Schuhe selbst, sondern das, wofür sie in meinem Leben stehen. Und sie stehen nicht dafür, daß ich das Geld habe, sie mir zu leisten. Sie stehen dafür, daß es meiner Einstellung nach für mich in Ordnung ist, so etwas zu haben. Das ist ein gewaltiger Sprung für mich, verstehen Sie?

Ich möchte Ihnen vermitteln, was mir diesen Sprung zu machen ermöglichte. Denn hier geht es um mehr als nur ein Stück Leder… Es geht um die innere Einstellung, darum, daß *jedermann* letztlich in solchen Schuhen herumlaufen kann. Bildlich und buchstäblich gesprochen kann jedermann in den gleichen Schuhen herumlaufen, sofern wir folgende Lektion erlernen: Es gibt keinen Teil des Lebens, der nicht ein Teil Gottes ist. Es gibt keinen Aspekt der Lebensenergie, der nicht heilig und geheiligt ist. Nichts ist böse, außer das Denken macht es dazu. Laßt uns aufhören, das Geld zu etwas Bösem und Schlechtem zu machen. Laßt uns aufhören, den Sex zu etwas Schlechtem und Gottlosem zu machen. Und laßt uns vor allem aufhören, einander zu etwas Bösem und Schlechtem zu machen.

Was tun wir hier? Und warum machen wir das? Warum bestehen wir darauf, in jeder Ecke unseres Lebens das Böse und Negative zu sehen? Was hat es damit auf sich? Das ist die Frage. Das ist die zentrale Frage. Und als menschliche Wesen sind wir nun an einem Brenn- und Angelpunkt angelangt. Wir stehen an einer kritischen Kreuzung – wir stehen vor der größten Frage, die im Grunde nichts mit Geld, sondern mit dem Leben selbst zu tun hat.

Sehen wir das Leben und alle seine Elemente im Kern als böse oder als gut an? Das ist die Frage. Wenn wir das Leben als in seinem Wesenskern gut ansehen, werden wir unsere Probleme mit dem Geld lösen und Freundschaft mit ihm schließen. Dann werden wir gute Dinge mit diesem Geld machen, gute Dinge für uns selbst, weil wir es verdienen. Ich verdiene diese Schuhe. Und Sie verdienen sie auch. Wir werden gute Dinge für andere tun. Wir werden unsere Fülle und die Fülle, die uns von Gott gegeben ist, mit jenen teilen, deren Leben wir berühren. Niemand wird es an irgend etwas mangeln. Es ist genug da für alle von uns. Und wenn wir uns dazu entscheiden, werden wir Freundschaft mit dem Geld, mit uns selbst, mit allen anderen und mit Gott schließen.

Wir müssen also dahin kommen, daß wir uns mit dem Geld wohl fühlen, so wie wir auch, wie ich hinzufügen möchte, dazu gelangen müssen, daß wir uns mit unserem Körper und miteinander wohl fühlen. Wir müssen lernen, uns mit dem Stoff des Lebens wohl zu fühlen, so daß wir sagen können: »Bring alles, was Leben ist, zu mir, und ich bringe alles Leben, alles wovon ich Teil bin, zu dir.« Und das, ohne uns irgendeines Teils zu schämen. Denn Gott kennt keine Scham.

Hier ist also Ihre Chance, Ihre Vorstellungen vom Geld als etwas irgendwie Schlechtem, etwas, das nicht in Ordnung ist, aufzugeben. Denn das ist es, was die Leute dazu bringt, in einem Leben stiller Verzweiflung zu verharren. Es ist ihr Glaube, daß Geld etwas Schlechtes ist. Und weil sie im Austausch für eine gute Tat nicht etwas Schlechtes in Empfang nehmen möchten, landen sie schließlich bei einer Arbeit, die sie hassen und ihnen somit wenigstens die Rechtfertigung liefert, Geld dafür anzunehmen. Also verbringen sie acht Stunden am Tag mit einem verhaßten Job und tun dann als Freiwillige etwas, das sie lieben. Sie gehen ins Krankenhaus, leiten Pfadfindergruppen oder was immer. Sie machen das, was sie lieben, umsonst, und können für das, was sie hassen, Geld annehmen. Denn wer würde schließlich so etwas umsonst tun? Wer schon?

Doch alles ändert sich, wenn Sie die Entscheidung treffen, zu den Mutigen zu gehören, zu denen, die die Wahl treffen, sich ein Leben zu erschaffen, statt nur einen Lebensunterhalt zu verdienen. Sie bewirken einen unglaublichen Wandel, wenn Sie sich dazu entschließen. Einen so gewaltigen Wandel, daß er alle Ihre Erfahrungen verändert, einschließlich Ihrer Erfahrung mit Geld. Und seien Sie sich ganz klar darüber, daß so etwas möglich ist. Ich bin sozusagen ein lebendiger Beweis dafür, ich bin hier, um Ihnen zu sagen, daß diese Veränderung mit Sicherheit eintritt. Nun dort drüben hat jemand eine Frage …

Ich habe da einen Konflikt in bezug auf das Geld… Ich schätze es, ich genieße es. Ich hatte früher das Gefühl, daß ich Dinge tun muß, die ich nicht tun mag, um Geld zu bekommen. Nun begreife ich das nicht mehr als Problem. Doch der Konflikt, in dem ich mich nach wie vor befinde, ist der, daß ich, wenn ich eine Menge Geld hätte, das Gefühl hätte, an einem Programm oder System teilzunehmen, das die Mehrheit der Menschen auf der Welt außen vor läßt. Es wäre für mich sehr viel akzeptabler, wenn ich wüßte, daß jedermann auf der Welt genug zu essen hätte, ausreichend medizinisch versorgt wäre, ein

Dach über dem Kopf und Kleidung hätte. In diesem Fall wäre das Geld einfach nur ein Mittel, mit – in Anführungszeichen – unnötigen Dingen zu spielen…

Ich verstehe genau, was Sie sagen wollen. Aber achten Sie darauf, daß Sie sich nicht durch Selbstgerechtigkeit jenes sehr mächtigen Instruments berauben, das bewirken könnte, daß die Dinge *durch Sie* geschehen. Achten Sie darauf, daß Sie sich nicht *selbst die Macht nehmen,* zu denen zu gehören, die tatsächlich *bewirken können, daß all das geschieht.*

Mein Leben ist der Schaffung einer Welt gewidmet, die genauso ist, wie Sie sie beschreiben. Aber ich kann Ihnen sagen, daß ich jetzt sehr viel effektiver wirken kann als damals, als ich genau die Macht ablehnte, mit der ich Veränderungen herbeiführen kann.

Eine der größten Fallen im Rahmen der menschlichen Erfahrung ist die Selbstgerechtigkeit. Und manchmal haben wir das Gefühl, so etwas wie »ein Recht auf Selbstgerechtigkeit« zu haben. Ich meine, wir haben wirklich das Gefühl, in bestimmten Situationen genau zu wissen, was richtig und was falsch ist. Und im Kontext dieses relativen Denksystems haben wir unter Umständen auch verdammt recht in bestimmten Dingen. Doch das ist sehr gefährlich. Denn Selbstgerechtigkeit kann wirkungsvolles Handeln schneller blockieren als irgendeine andere Haltung, Einstellung oder Erfahrung. Sehen Sie, sie hält uns davon ab, verständnisvoll zu sein.

Wenn ich denke, daß ich in einer Sache recht habe, kann ich nicht einmal anfangen zu verstehen, wie Sie da anderer Meinung sein können, oder wie man zulassen kann, daß ein bestimmter Zustand andauert. Ich verliere mein Mitgefühl für die Menschen, die das, was in mir das Selbstgerechtigkeitsgefühl auslöst, erschufen. Und wenn ich das Mitgefühl verliere, verliere ich meine Fähigkeit, irgendeine wirklich effektive Veränderung zum Besseren herbeizuführen. Denn niemand mag es, ins Unrecht gesetzt zu werden.

Und ich halte es für ganz besonders gefährlich, in Anbetracht all des Unrechts, das auf der Welt begangen wird, in Selbstgerechtigkeit zu verfallen. Denn diese Selbstgerechtigkeit bedeutet im Prinzip, daß wir nicht begreifen, daß wir dieses Unrecht in die Welt gesetzt haben.

Lassen Sie mich Ihnen ein Beispiel geben: Wie dienlich wäre es einem großen Chirurgen oder großen Arzt, angesichts all der Leiden und Krankheiten in der Welt in Selbstgerechtigkeit zu verfallen? Wie dienlich wäre es einem wunderbaren Rechtsanwalt, einem außergewöhnlichen Staatsanwalt, angesichts all der Konflikte in der Welt in Selbstgerechtigkeit zu verfallen? Ich meine, er will vielleicht die Konfliktsituation verändern oder mindern, aber eine selbstgerechte Haltung, eine Verurteilung der Tatsache, daß es so viele Konflikte gibt, wäre lachhaft angesichts dessen, was er sich in seiner eigenen Realität erschafft, um zu erfahren, wer er wirklich ist.

Sehen Sie, wir Menschen stellen die Kegel auf, dann stoßen wir sie um. Wir Menschen erschaffen die perfekten Umstände (ich spreche nun auf metaphysischer Ebene), die uns erlauben, einen Teil von uns selbst zum Ausdruck zu bringen, der erklärt, wer wir wirklich sind. Wenn zum Beispiel das, was ich wirklich bin, ein Heiler ist, werde ich, metaphysisch, die perfekten Umstände erschaffen, die mir gestatten »den, der heilt« zum Ausdruck zu bringen. Ich werde also Krankheit in mein Erfahrungsfeld einbringen, ja sie sogar auf bestimmter Ebene in meiner äußeren Realität *erschaffen* – das Gegenteil von dem, was ich bin, um das erfahren und zum Ausdruck bringen zu können, was ich bin.

Das Schlimmste, was den Pfarrern dieser Welt passieren könnte, wäre, daß jeder ab sofort ein guter Mensch ist. Sie hätten niemandem mehr etwas zu sagen. Also werden die Männer und Frauen der Geistlichkeit den Rest ihres Lebens damit verbringen, auf einer tiefen metaphysischen Ebene das zu erschaffen, was spirituell geheilt werden muß, um das ausdrücken und erfahren zu können, was sie sind. Deshalb verurteilen und verdammen wahre Meister niemanden. Sie machen sich daran, ohne Verdammung die äußeren Umstände ihrer Welt zu verändern. Denn diese zu verdammen heißt, genau den Prozeß zu verdammen, der ihnen gestattete, einen Teil von sich zum Ausdruck zu bringen, der die Herrlichkeit dessen, was sie sind, verkündet. Dies ist ein metaphysisches Rätsel, das aber die Meister und Meisterinnen vollkommen verstehen.

Ich wiederhole noch einmal: Aus diesem Grund verdammen oder verurteilen Meister und Meisterinnen *nie* etwas, sondern streben einfach danach, einen Teil von sich selbst zum Ausdruck zu bringen, durch den sich die äußeren Umstände verändern oder verwandeln lassen. Auf praktischer Ebene dient Selbstgerechtigkeit niemandem.

Jimmy Carter ist meiner Meinung nach eine der außergewöhnlichsten öffentlichen Personen unserer Zeit. Er ist ein Mann, der sich ohne Selbstgerechtigkeit in hochexplosive politische Situationen begeben hat. Dadurch hat er vieles zum Besseren gewendet, und das auf eine Weise, wie es Menschen, die sich mit einer selbstgerechten Haltung in solche Situationen begeben, nie tun könnten.

Und meine Selbstgerechtigkeit oder mein Zorn über den Zustand der Welt ist in vielerlei Hinsicht ein großes Hindernis ...

Keine Frage. Jeder Moment der Selbstgerechtigkeit und jeder Moment der Verurteilung hindert Sie daran, Ihre großartigste Vorstellung zum Ausdruck zu bringen. Denn es kann Sie sowieso niemand hören. Wenn Sie aus einer selbstgerechten oder verurteilenden Haltung heraus sprechen, kann Sie niemand hören. Sie schieben nicht nur die *Macht* von sich weg, die es Ihnen ermöglichen würde, etwas zu erschaffen, Sie schieben auch die Leute von sich weg, die Ihnen diese Macht verleihen könnten. Denn niemand begreift Selbstgerechtigkeit, *auch nicht die, denen Sie zu helfen versuchen.*

Sie sagten auch noch etwas anderes, das interessant ist. Sie sagten, daß Sie, als Sie früher über diese Themen nachdachten, sich dabei ertappten, daß Sie etwas taten, was Sie gar nicht tun wollten; oder daß Sie dachten, Sie müßten Dinge tun, die Sie gar nicht tun wollten. Doch niemand tut je etwas, was er gar nicht tun will. Lassen Sie mich das ganz klar sagen: Keiner tut etwas, was er nicht tun will – niemals. Wir tun mit Blick auf die Resultate, die wir uns davon erhoffen, einfach das, was wir tun wollen. Dann geben wir vor, daß es keine andere Möglichkeit gab, und reden uns selbst ein, daß wir uns in bezug auf unsere getroffenen Entscheidungen schlecht fühlen müssen.

Niemand tut etwas, was er nicht tun will. Keiner. Kann sich jemand hier in Raum an einen Fall erinnern, bei dem er etwas tat, was er wirklich nicht tun wollte? Kann das jemand... Wer möchte jetzt die Hand heben? Ich meine das ganz ernst... Ist hier jemand... Heben Sie die Hand, wenn Sie glauben, daß es einen Fall in Ihrem Leben gab, bei dem Sie etwas taten, das Sie nicht tun wollten. Okay, Sie hier...

Ich glaube nicht, daß es darum geht, daß wir etwas nicht tun wollen. Aber wenn ich mich so umhöre, dann sagen die Menschen: »Ich habe keine andere Wahl.« Ich glaube, die Menschen denken, daß sie keine andere Wahl haben, denn ich selbst war auch lange in dieser Situation. Ich sagte auch immer: »Ich habe keine Wahl.« Weil ich an diesem Punkt meines Lebens keine andere Wahl sah. Aber seit ich Gespräche mit Gott *gelesen habe und begriffen habe, daß wir tatsächlich nichts tun, ohne eine Wahl zu treffen, treffe ich nun eine bewußte Entscheidung, etwas zu tun. Ich treffe eine bewußte Wahl. Ich sage mir sogar laut vor: »Ich treffe die Wahl, dies zu tun.« Jetzt treffe ich erst eine Wahl, und dann tue ich es. Und wenn ich jemanden höre, der sagt: »Ich hatte keine Wahl«, möchte ich mich einmischen und sagen: »Wissen Sie, Sie haben diese Wahl getroffen.« Aber ich glaube, daß das in unserer Gesellschaft nicht wirklich akzeptabel ist. Es ist so wie mit dem Geld haben. Es ist so, als könnte ich hier nicht meine eigenen Entscheidungen treffen. Es ist zu gut. Ich weiß nicht, ob ich das verdiene... ich meine, es gibt mehr Ich-habe-keine-Wahl-Menschen als Ich-habe-das-sogewählt-Menschen. Ich selbst mußte mich sehr bemühen, das zu ändern.*

Es gibt nie einen Zeitpunkt in Ihrem Leben, an dem Sie keine Wahl haben, nie. Tatsache ist, daß Sie Ihre Lebensumstände geschaffen haben, einschließlich des Umstands, den Sie »keine Wahl haben« nennen. Sie haben sie geschaffen, um sich selbst die Erfahrung der Wahlmöglichkeiten, die Sie haben, machen zu lassen. Sie haben diese augenscheinliche Straßensperre errichtet, damit Sie zur Kenntnis nehmen, daß da gar keine Straßensperre ist. Und manche von Ihnen werden das auch merken. Die meisten Menschen merken es aber nicht. Und sie werden zulassen, daß sie den Rest ihres Lebens mit der Einbildung verbringen, daß sie keine Wahl haben.

»Ich hatte keine Wahl« ist unsere häufigste Rechtfertigung dafür, daß wir tun, was wir tun wollten. Wir gehen los und tun, was wir tun wollen, entweder um ein bestimmtes Resultat zu *vermeiden,* oder um ein bestimmtes Ergebnis *herbeizuführen,* was im Grunde auf dasselbe hinausläuft.

Wir tun also angesichts der Umstände, mit denen wir uns konfrontiert sehen, das, was wir tun wollen, um entweder ein Resultat zu vermeiden oder aber es zu bewirken. Und dann sagen wir: »Ich hatte keine Wahl.« Aber Sie *haben* eine Wahl. Und jede Wahl, die Sie treffen, jede Entscheidung, die Sie fällen, jeder Gedanke, den Sie denken, jedes Wort, das Sie äußern, ist eine Verkündung und Erklärung dessen, was Sie Ihrer Meinung nach sind, und was zu sein Sie wählen. Jeder Akt ist ein Akt der Selbstdefinition. Und Sie haben immer eine Wahl. Denken Sie daran: Gemessen an seinem idealen Weltbild tut keiner je etwas Unangemessenes.

Sie haben also nicht nur immer eine Wahl, Sie treffen auch immer eine Wahl, und Sie treffen immer die Wahl, die Ihrer Meinung nach ein bestimmtes Resultat herbeiführt oder aber vermeidet. Sie streben nach einem Ergebnis, das Ihnen definieren hilft, wer Sie wirklich sind. Darauf sind Sie aus. Sie würden das vielleicht nicht so ausdrücken, aber ich versichere Ihnen, das ist es, worauf die menschliche Seele aus ist. Und wenn Sie anfangen, das in dieser Weise zu sehen, es in dieser Weise zu formulieren, sehen Sie Ihr Leben ganz anders. Und Sie stellen sich das Leben als ein großes Abenteuer vor, denn plötzlich wird es zu einem ganz außergewöhnlichen Abenteuer – ein Abenteuer der Selbstschöpfung.

Manche Menschen fühlen sich, wenn es ums Geld geht, als Opfer. Sie verstehen nicht wirklich, daß sie in ihrem Leben immer in allem die Wahl haben, ganz besonders in bezug auf Geld. Manche Leute haben das Gefühl, daß sie den Launen des Schicksals ausgeliefert sind. Sie sehen im Grunde keine Verbindung zwischen ihrer finanziellen Situation und ihrem Bewußtsein... ihrer Bewußtseinsebene. Doch ich sage Ihnen, daß wir alles in unserem Leben erschaffen.

Und so kommt es, daß manche Leute sagen: ›Neale‹ Sie verstehen das nicht. Ich hatte nicht die Gelegenheiten, die andere Leute hatten.« Sie waren benachteiligt oder haben nicht die Fähigkeiten oder was immer sonst in ihrer Phantasie zwischen ihnen und dem Geld steht. Ich würde ihnen eine Reihe von Dingen sagen: Erstens fließt Ihnen das Geld nicht aufgrund Ihres Tuns zu. Wenn Sie glauben, Ihr Tun sei dafür verantwortlich, dann haben Sie natürlich immer alle diese mit dem Tun verknüpften Alibis: »Ich habe keine Collegeausbildung bekommen« oder: »Ich war von Anfang an benachteiligt« oder: »Ich hatte nicht die Chancen, die Sie hatten«. Und das, weil Sie sich einbilden, das Geld fließe uns aufgrund unseres Tuns statt unseres Seins zu.

Sein ist etwas, das jedermann hat, unabhängig von Ausbildung, Lebenssituation, ethnischer oder kultureller Herkunft und gesellschaftlichem Status. Jedermann kann liebevoll sein; jedermann kann außergewöhnlich sein; jedermann kann großzügig und gebend und mitfühlend und freundlich sein. Jedermann kann all die Dinge sein, für die wir Menschen, unabhängig davon, was sie tun, viel Geld zu zahlen. Sehen Sie, es spielt an sich keine Rolle. Die Rechtsanwälte, die Ärzte, die Geistlichen, die Zeitungsverkäufer, die am meisten Geld verdienen, sind diejenigen, die uns mit einem breiten Lächeln entgegenkommen, mit einem großen Herzen für alle, deren Leben sie berühren. Das sind die Zeitungsverkäufer, die von den Leuten hohe Trinkgelder bekommen, und die anderen Zeitungsverkäufer fragen sich, wie sie das angestellt haben. »Ach ja, du hast ein besseres Fahrrad« oder: »Du kommst aus einer besseren Familie« oder: »Du hast die bessere Route«.

Keiner hat im Leben eine bessere Route. Wir brauchen nichts weiter zu tun, als mit anderen eine Seinsebene zu teilen, die diese als etwas erkennen, von dem sie stets berührt sein wollen. Und wenn wir willens sind, das zu tun, dann spielt es keine Rolle, mit welchem Tun wir in unserem Leben befaßt sind. Wir können Klempner, Zeitungsausträger, Straßenkehrer oder Konzernchefs sein. Alles Gute des Lebens tritt in unser Leben ein, wenn wir bereit sind, unser Herz zu öffnen und aus einer tiefen Seinsebene heraus den Schatz mit anderen zu teilen, der in uns steckt und den man Liebe oder Freundlichkeit nennt. Wissen Sie, ein Lächeln bringt Ihnen mehr guten Willen ein, als Sie sich je vorstellen können.

Ich möchte also den Menschen, die sich als Opfer ihrer finanziellen Situation sehen, sagen: Schauen Sie sich die an, die es im Leben zu etwas gebracht haben. Und nehmen Sie einen Querschnitt von Menschen, die sehr, sehr reich geworden sind – irgendwelche hundert Millionäre – und Sie werden Erstaunliches entdecken. Ja, da sind ein paar Leute, die alle Privilegien, alle gesellschaftlichen und kulturellen Chancen hatten, aber da sind auch viele, die nicht darüber verfügten. Und schauen Sie sich die an, die auch nicht mehr hatten als Sie jetzt, und fragen Sie sie, wie sie von ihrer Ausgangslage dahin gekommen sind, wo Sie gerne sein möchten. Worin besteht der Unterschied zwischen Ihnen beiden? Und wenn sie sich gut ausdrücken können, werden sie Ihnen den Unterschied erklären: »Ich war bereit, hinzugehen und mich zu zeigen! Ich war bereit, alles zu geben, was ich in mir hatte. Es war mir ganz egal.«

Reden Sie mal mit Barbra Streisand. Plaudern Sie mal mit ihr. Fragen Sie sie nach ihrer kulturellen und ethnischen Herkunft und ihren Benachteiligungen und Vorteilen. Dann fragen Sie sie, wie sie es an die Spitze geschafft hat. Manche Leute nennen das Chuzpe. Manche sprechen von Magie. Manche nennen es eine gewisse *joie de vivre.* Aber letztlich läuft alles auf eine Bereitschaft hinaus, hinzugehen und sich als das wunderbare »Ich«, das Sie sind, *zu zeigen,* ganz gleich, was Ihre Geschichte ist. Tun Sie das, und Sie werden in Ihrem Leben glücklich sein. Übrigens werden Sie glücklich sein, *ob Sie nun viel Geld haben oder nicht.*

Neale, ich frage mich, ob Sie uns etwas darüber sagen können, warum so viele spirituell Suchende oder sogenannte Lichtarbeiter mit dem Thema Finanzen zu kämpfen haben. Die von uns, die wir unsere Firmenjobs verlassen haben und irgendwie aufgerufen sind, das für uns richtige und angemessene Leben zu führen. Der Prüfstein scheint immer zu sein: Schaffst du es durch die Feuerwand der Finanzen? Warum haben so viele von uns damit zu kämpfen?

Weil in dem Moment, in dem Sie erklären, irgend etwas Bestimmtes zu sein, alles, was nicht so ist, in den Raum einfließt. Ich wiederhole: In dem Moment, in dem Sie erklären, irgend etwas Bestimmtes zu sein, wird alles, was nicht so ist, in den Raum einfließen. Und so muß es sein. Es ist das Gesetz des Universums.

Sie fragen: »Warum?« Es ist so, weil das Universum so funktioniert. Und das deshalb, weil: in der Abwesenheit dessen, was Sie nicht sind, das, was Sie sind, nicht ist.

Haben Sie das kapiert? Sie schütteln den Kopf, meine Liebe, und fragen sich: »Was versucht dieser Typ mir da zu sagen?« Ich sagte: »In der Abwesenheit dessen, was Sie nicht sind, ist das, was Sie sind, nicht.« Lassen Sie mich Ihnen ein Beispiel geben. Sind Sie groß und dick?

Nein. Woher wissen Sie, daß Sie nicht groß und dick sind?

Im Vergleich zu anderen Menschen scheine ich mittelgroß zu sein und eine Durchschnittsfigur zu haben.

Wie, wenn groß und dick nicht existierten, wüßten Sie also, daß Sie nicht groß und dick sind? Nehmen wir mal an, alle sähen so aus wie Sie. Gott, wäre das nicht großartig? Nun, Sie alle sehen tatsächlich großartig aus, so wie Sie sind. Den Satz konnte ich mir nicht verkneifen. Aber wie heißen Sie?

Karen.

Nehmen wir mal an, alle sähen genauso aus wie Sie. Wie wüßten Sie, wie Sie aussehen? Wie wüßten Sie sich zu beschreiben? Wie könnten Sie sagen: »Ich bin die mit den langen, dunklen … Oh, ich sehe, alle haben lange dunkle Haare. Okay, ich bin die, die relativ schlank ist, und ich bin mittelgroß. Nun, tatsächlich sind alle mittelgroß und relativ Wie könnten Sie auch nur wissen, wer Sie sind? Sie würden es nicht wissen, nicht wahr? Nicht im Rahmen dieser relativen Existenz.

Nicht im Äußeren.

Nein, nicht im Äußeren. Und wenn alle auch im Innern identisch wären, würden Sie nicht einmal um Ihr Inneres wissen. Weil Sie alle gleich wären. Richtig? Deshalb verspreche ich Ihnen, daß Sie, wenn Sie eine unmittelbare Erfahrung von Ihrem Wer und Was Sie sind machen möchten, Sie wie ein Magnet alles zu sich heranziehen werden, was Sie nicht sind. Weil in der Abwesenheit dessen, was Sie nicht sind, das, was Sie sind, nicht ist. Kapiert? Bingo.

Das Geheimnis besteht nun darin, sich dem nicht zu widersetzen. Denn das Ding, dem Sie sich widersetzen, bleibt bestehen. Und was Sie sich ansehen, das verschwindet. Was Sie halten und umarmen und liebevoll akzeptieren, das machen Sie sich zu eigen.

Was Sie sich zu eigen machen, widersetzt sich Ihnen nicht länger.

Neale, es gibt so viele Menschen auf diesem Planeten, denen davor graut, ihre feste Anstellung aufzugeben, aus Angst, ihren Lebensunterhalt zu verlieren – all die Sicherheit, die sie bislang kannten. Was würden Sie ihnen sagen?

Manche Menschen haben schreckliche Angst davor, ihre feste Anstellung aufzugeben. Sie sitzen in der Falle eines selbsterdachten Gefängnisses, weil sie diese Vorstellung haben, daß sie alles verlieren, wenn sie dieses Umfeld oder diese Position, die sie sich so hart erarbeitet haben, aufgeben. Und doch ist alles schon verloren, sonst würden sie nicht den Wunsch haben wegzugehen. Die Kernfrage ist also nicht, was verlierst du, wenn du diese Position aufgibst, sondern was wirst du gewinnen? Und was bringt dich überhaupt dazu, innezuhalten und an ein Weggehen zu denken? Das ist die Kernfrage.

Schaut man sich an, warum sie überhaupt an einen Weggang denken, dann muß es doch etwas geben, was an ihren jetzigen Umständen nicht in Ordnung ist. Was fehlt? Es geht darum, eine Leere oder Lücken zu füllen.

Ich würde also zu Menschen, die sich in einem

solchen Dilemma befinden, sagen, was ich oft den Leuten sage: Wissen Sie, Sie müssen sich ein Leben, statt nur einen Lebensunterhalt erschaffen. Sie sind vielleicht mit einem Drittel Ihres jetzigen Einkommens viel glücklicher, wenn Sie dabei von einem Seinsort ausgehen, der Ihrer Seele Freude macht.

Sehen Sie, die Schlüsselfrage lautet doch für jedermann: Wann kommen wir dahin, unserer Seele Freude zu machen? Wenn Sie für Ihren Lebensunterhalt einer Tätigkeit nachgehen, die Ihrer Seele Freude macht, dann ist das für Sie wundervoll. Aber ich muß Ihnen sagen, daß das nur für eine äußerst kleine Minderheit auf diesem Planeten gilt. Die meisten Menschen leben ein Leben der stillen Verzweiflung und tun das, was sie ihrer Meinung nach tun *müssen,* um zu überleben.

Mein Leben hat mich gelehrt, daß wir gar nichts tun müssen, um zu überleben. Ich habe alle Warnungen in den Wind geschlagen und immer das getan, was meiner Seele am meisten Freude machte. Das brachte manche meiner Freunde und Kollegen, meine Familienangehörigen und so weiter dazu, mich zuweilen als verantwortungslos zu bezeichnen. Aber wem schulde ich die größte Verantwortung, wenn nicht mir selbst?

So habe ich mich also geweigert, mich über sehr lange Strecken hinweg mit irgendeiner Beschäftigung oder Aktivität unglücklich zu machen, die ich nur deshalb unternahm, weil ich dachte, ich müßte es, um einen bestimmten Lebensstandard aufrechtzuerhalten. Und das würde ich auch jetzt wieder tun, wenn ich das Gefühl hätte, daß mich das, was ich jetzt tue, nicht glücklich macht. Und wie könnte ich denn anfangen, andere glücklich zu machen, wenn ich selbst verzweifelt unglücklich bin?

Ich würde also die Menschen, die das Gefühl haben, in dieser Falle zu sitzen, zu einem kleinen Test auffordern. Schreiben Sie auf ein Blatt Papier: »Die Fallen, in denen ich sitze.« Fangen Sie dann an, sie zu beschreiben: »Ich habe einen Job, der mir überhaupt keinen Spaß macht, aber wenn ich ihn aufgebe, könnte ich nicht das Geld verdienen, das ich jetzt verdiene, und könnte mir nicht all die Dinge leisten, die ich jetzt für mich und die von mir abhängigen Menschen habe.« Okay? Das ist eine Falle. Dann: »Was würde passieren, wenn ich mich aus dieser Falle befreien würde? – Wenn Sie sich dann angeschaut haben, was passieren würde, sehen Sie sich die dritte Ebene an: »Was würde passieren, wenn ich es trotzdem täte?« Verstehen Sie? Sie werden entdecken, daß sich die Welt auch ohne Sie weiterdreht.

Ich bekam vor vielen Jahren eine großartige Lektion von einer außergewöhnlichen Frau. Ihr Name war Dr. Elisabeth Kübler-Ross, und ich lernte sie persönlich kennen. Eines Tages fuhren wir gemeinsam eine Straße entlang, und ich erzählte ihr, daß es da etwas gab, das ich wirklich gerne tun wollte, ich müßte dafür aber meinen Job aufgeben. Und daß ich glaubte, das aus vielen Gründen nicht tun zu können, unter anderem deshalb, weil eine Menge andere Leute von mir und diesem Job abhängig waren.

Elisabeth sah mich gelassen an und fragte mich mit ihrem starken schweizerischen Akzent bedächtig: »Ich verstehe, und was würden alle diese Menschen deiner Ansicht nach tun, wenn du morgen ganz einfach sterben würdest?«

»Das ist eine unfaire Frage, weil ich wahrscheinlich morgen nicht sterben werde«, erwiderte ich.

Sie sah mich an und sagte: »Nein, du stirbst schon jetzt.«

In diesem Augenblick beschloß ich zu leben. Ich beschloß, mein Leben zu leben. Und das war die größte Entscheidung, die ich je getroffen habe. Und das ist es, was ich jeder Person sagen würde, die sich in der Falle fühlt, ganz gleich, was sie für einen Job hat oder in welcher Situation sie sich befindet. Wieviel von Ihrem Leben sind Sie bereit wegzugeben? Und wieviel von Ihrem Leben sind Sie bereit einzufordern? Und wieviel mehr, wenn Sie dann Ihr Leben eingefordert haben, glauben Sie anderen geben zu können? Ich meine hier nicht nur materielle Dinge, sondern auch die Freude und das Glück, das Sie empfinden.

Das ist der Grund, warum sich Meisterinnen und Meister nie dem Gegenteil von dem, was sie sind, widersetzen, sondern es vielmehr als größten Segen ansehen. Führe das Gegenteil herbei, führe das herbei, was ich nicht bin. Denn ich werde das, was ich nicht bin, nicht nur willkommen heißen. Ich werde mit ihm verschmelzen und so sehr Teil von ihm werden, daß es dem, was ich bin, zum Segen gereicht und dazu führt, daß es sich auf großartige Weise zum Ausdruck bringt. Verstehen Sie?

Das ganze Universum ist ein Feld. Manche Menschen nennen es das morphische Feld. Ich nenne es ein Erfahrungsfeld, ein Ausdrucksfeld, das das *Leben selbst* zum Ausdruck bringt. Es ist ein Feld der Kontraste, ein Feld kontrastierender Elemente, wenn Sie so wollen. Und ein Element kann sich nur innerhalb dieses Feldes kontrastierender Elemente selbst erkennen und definieren, was es wirklich ist. Dies gilt für das relative Universum.

Nun, in dem, was man in unserer Sprache das Reich des Absoluten nennt, ist ein solches Kontrastfeld nicht nötig, ja es ist nicht einmal möglich. Denn das Reich des Absoluten ist seiner Definition nach absolut das, was es ist. Verstehen Sie? Und es gibt nichts anderes. Und das nennen wir Gott. In meiner

Sprache, in meinem Sprachgebrauch, in meiner Ausdrucksform nennen wir das Gott.

Und am Anfang war Alles-was-Ist, und Alles-was-Ist war alles, was da war. Da war nichts anderes. Es war nichts anderes als Alles-das-Ist. Und es war sehr gut. Aber es war Alles-das-War. Da war nichts anderes.

Und doch strebte es danach, sich selbst in eigener Erfahrung kennenzulernen. Und so sah es sich außerhalb seiner selbst nach etwas anderem um als das, was es war, um sich in eigener Erfahrung selbst kennenzulernen. Aber es konnte außerhalb seiner selbst nichts finden, das anders war als es selbst. Denn da war nichts anderes als das, was es war. Weil es Alles-was-Ist war, und da nichts anderes war.

Wie also sollte es sich in all seiner Großartigkeit selbst erkennen? Und so sah sich das, was wir Gott nennen, nach einem außen außerhalb seiner selbst um, aber es gab keinen Ort außerhalb seiner selbst. Und deshalb sah es nach innen, damit es sich selbst erkennen könnte – übrigens kein schlechter Gedanke, falls *Sie* mal beschließen sollten, sich selbst erkennen zu wollen. Schauen Sie nach innen, nicht nach außen. Denn die, die nicht nach innen gehen, gehen leer aus.

Also schaute Gott ins Innere, und im Inneren dessen, was Gott ist, sah Gott all die Großartigkeit und Herrlichkeit, nach der Es suchte. Und Es implodierte buchstäblich. Das heißt, Gott kehrte sich selbst für uns von innen nach außen und implodierte in Abermilliarden über Abermilliarden verschiedene Teile – die sich hier und dort, nach oben und unten, nach links und rechts verteilten. Und plötzlich wurden hier und dort, oben und unten, links und rechts *erschaffen.* Schnell und langsam, groß und klein wurden plötzlich *erschaffen* in diesem glorreichen Moment jenes ersten Gedankens, der Gott in seinen unzähligen Elementen hervorbrachte. Und ein jedes Element raste vom Zentrum weg mit etwas, das nun Geschwindigkeit genannt wurde, und erschuf eine Illusion, die wir jetzt Zeit nennen. Jedes der Elemente konnte auf all den Rest von Gott zurückblicken und sagen: »Oh, mein Gott, wie wundervoll du bist.«

Und all die anderen Elemente von Gott konnten ebenso auf das einzelne Element, das diese Beobachtung machte, zurückblicken und zu diesem einzelnen Element genau dasselbe sagen. Nur daß das einzelne Element es nicht hörte. Das Einzelelement dessen, was Gott ist, hörte nicht das Kollektiv dessen, was Gott ist, zu ihm sagen: »Oh, mein Gott, wie wundervoll du bist.« Und so überläßt es das Gott genannte Kollektiv den Einzelelementen Gottes, einander daran zu erinnern. »Siehst du, wie wundervoll du bist? Oh, mein Gott, wie wundervoll du bist.«

Und wenn wir es versäumen, das zueinander zu sagen, wenn wir einander diese Botschaft nicht überbringen, dann scheitern wir an der größten Mission von allen. Denn wir sind hierhergekommen, um uns selbst zu erkennen. Doch ich kann mich letztlich nur durch dich, durch euch erkennen, denn es ist nur einer von uns im Raum.

Aber sollten Sie sich zur personifizierten Fülle erklären, zu dem, was die ganze große Fülle des Universums, einschließlich das Geld, anzieht, dann kann ich Ihnen versichern, daß Sie als erstes die unmittelbare Erfahrung machen werden, überhaupt kein Geld zu haben. Hat jemand von Ihnen je diese Erfahrung gemacht? In dem Augenblick, in dem Sie sagen, »Die Fülle ist mein, spricht der Herr«, im Gegensatz zu »Rache«... das ergibt einen neuen Autoaufkleber, was? »Die Fülle ist mein, spricht der Herr.« In dem Augenblick, in dem Sie das sagen, wird es Ihnen in Ihrem Universum so vorkommen, als wäre alles verschwunden. Sie werden anfangen, sich in Kreisen zu bewegen, in denen keiner Geld hat, bis Sie es nicht mehr tun, bis Sie jemanden treffen, der sagenhaft reich ist. Und dann wird sich alles ändern.

Was ist mit der Erhebung des Zehnten, damit, daß man zehn Prozent des Einkommens beisteuert? Und was ist damit, daß Firmen zehn Prozent ihres Netto-

profits abgeben. Könnten wir nicht die Ökonomiestruktur dieses Landes verändern?

In *Gespräche mit Gott* findet sich eine außergewöhnliche Aussage. Dort steht, daß der Tag kommmen wird, an dem wir auf diesem Planeten freiwillig zu einer Form des Teilens kommen werden. Und die wird so aussehen, daß jeder freiwillig zehn Prozent seines Einkommens beisteuert. Konzerne und Einzelpersonen werden zu einem allgemeinen Fond beitragen, dessen Mittel dann wieder auf die Menschen in Not und die sozialen Programme verteilt werden, die den Bedürftigen dienen. An dem Tag, an dem wir das tun, werden auf der Erde alle Steuern verschwinden, weil wir mehr Geld einsammeln werden, wenn wir die Menschen bitten, freiwillig zehn Prozent abzugeben, als wir je durch Steuern eintreiben könnten.

Und niemand wird das als Übergriff empfinden, und jeder wird zehn Prozent von seinem Einkommen beisteuern, ob er nun tausend Dollar die Woche, tausend Dollar die Stunde oder tausend Dollar im Jahr verdient. Man gibt ganz einfach zehn Prozent an den allgemeinen Fond ab. Menschen, die unterhalb einer bestimmten Einkommensebene liegen, müssen das nicht tun. Wenn Sie im Jahr nur einen Dollar verdienen, wird man Sie nicht bitten, zehn Cents zu geben.

Aber die ökonomische Struktur basiert auf einem ganz einfachen Gedanken: Wenn Sie einen Teil dessen, was Ihnen aus dem Gesamtsystem zufließt, zurückgeben, fördern und bereichern Sie das System selbst, und um so mehr kann Ihnen dann wieder zukommen. Das ist so augenfällig, so offensichtlich und so klar, daß es schon bemerkenswert ist, daß wir noch nicht darauf gekommen sind. Aber es gibt noch etwas, das passiert, wenn wir ein Zehntel abgeben, etwas noch viel Wichtigeres. Und es ist egal, ob wir einer Kirche, einer Synagoge, einer uns heiligen Gebetsstätte, der Wohlfahrt oder irgend etwas anderem regelmäßig einen Teil, eben zehn Prozent, unseres Einkommens zukommen lassen.

Wenn wir das regelmäßig tun, machen wir eine enorme Aussage gegenüber dem Universum. Eine Aussage, die besagt: *Wo das herkam, ist noch mehr.* Es ist so viel davon da, daß ich buchstäblich regelmäßig zehn Prozent davon weggeben kann, ohne es zu vermissen. Wir sagen damit gegenüber dem Universum aus, daß ausreichend da ist, »genug« da ist – und das führt dann dazu, daß wir dies als eine konkrete Tatsache in unserem Dasein erfahren. Deshalb sagen so viele spirituelle Bewegungen: Gebt den Zehnten ab. *Gebt ihn ab,* nicht weil wir euer Geld haben wollen, ja nicht einmal, weil wir euer Geld brauchen, sondern weil *ihr* diese *Aussage des ausrei-*

chenden Vorhandenseins machen müßt. Diese Aussage wird zu einem Befehl auf zellularer Ebene an euch selbst und an das Universum. Ihr befehlt damit dem Universum, die Reaktion herbeizuführen, die solche Handlungen notwendigerweise erzeugen. So wird ein solches Vorgehen zu einem Instrument, mit dessen Hilfe wir das Universum darüber informieren, was für uns wahr ist.

Das führt mich zu meiner nächsten Frage:

Wie sieht die Zukunft der Ökonomie in den USA aus? Was können Sie für das 21. Jahrhundert voraussehen? Was wird sich wohl ändern? Und was ist mit dem Tauschhandel?

Ich weiß nur, daß das Morgen von uns allen erschaffen wird. Meine Mission besteht darin, auf die Menschen hier und heute, hier und jetzt einzuwirken.

Wenn ich einen Blick auf das 21. Jahrhundert werfen müßte, dann würde ich sagen, daß meine großartigste Vision als erstes darin besteht, daß wir alle – ökonomisch, spirituell, politisch, gesellschaftlich gesehen – von zwei Prinzipien ausgehen. Das erste Prinzip ist, daß wir alle eins sind. Haben Sie eine Vorstellung davon, wie sich die Beschwörung dieses Prinzips von »wir sind alle eins« ökonomisch, politisch und spirituell auf diesem Planeten auswirken würde? Es würde zu einem solchen Aufruhr und zu solchen Veränderungen und Verschiebungen führen, wie sie sich kaum beschreiben lassen. Und es wäre natürlich alles eine Veränderung zum Guten, zum Besseren. Die Kriege hätten morgen ein Ende. Streitereien wären praktisch unmöglich; jedenfalls ließen sich Streitigkeiten, die zu Gewalttätigkeiten führen, angesichts der Prämisse, daß wir alle eins sind, nur sehr schwer aufrechterhalten.

Und ich habe die Vision, daß wir irgendwann im nächsten Jahrhundert, und hoffentlich eher früher als später, eine ökonomische Realität um die spirituelle Grundwahrheit herum errichten: Es gibt nur einen von uns. Und das zu tun, ist möglich. Diese ökonomische Realität würde jeden Gedanken an Eigentumsrecht eliminieren. *Gespräche mit Gott* geht ein wenig auf dieses Thema ein, und es ist da von einer Zukunft die Rede, in der niemand wirklich etwas besitzen wird, sondern nur als Verwalter für bestimmte Dinge agieren darf. Sie wissen, in früheren Zeiten dachten wir doch tatsächlich, daß wir nicht nur Dinge, sondern auch Menschen besitzen können. Ich meine, Ehemänner dachten, daß sie ihre Frauen besäßen, und Ehepaare dachten, daß ihre Kinder ihr Eigentum wären, und so war es auch. Von daher war es auch sehr leicht zu glauben, daß man eine Plantage oder eine Farm oder was auch immer besaß.

Aber in Zukunft wird es für uns ganz offensichtlich sein, daß wir die Erde ebensowenig besitzen, wie die Kinder unser Eigentum sind. Wir haben uns nun bis zu einem Grad entwickelt, an dem uns klar ist, daß wir uns nicht gegenseitig besitzen. Die Ehemänner nicht ihre Ehefrauen, die Ehefrauen nicht ihre Ehemänner. Übrigens dämmert uns das erst seit den letzten fünfzig Jahren – diese Vorstellung gibt es noch nicht allzu lange. Es ist uns vermutlich so in den letzten dreißig Jahren einigermaßen klargeworden. Für die meisten von uns männlichen Höhlenmenschen ist das ein neuer Gedanke. Daraus erwuchs schließlich die Einsicht, daß auch unsere Kinder nicht unser Eigentum sind, daß wir sie ebensowenig besitzen wie unsere Ehefrauen.

Und nun gelangen wir zu einem neuen Gedanken: Wir besitzen nicht einmal das Land unter unseren Füßen, nur weil wir ins Grundbuch eingetragen sind, vom Himmel über uns ganz zu schweigen. Manche Leute denken wie die Regierungen und sagen: »Das ist unser Himmel ... wie hoch oben ist oben?

Sie wissen, wir hatten vor nicht langer Zeit einen riesigen Streit in der UNO, weil die Satelliten das Territorium eines bestimmten Landes überflogen, was dann zu einer Debatte über die außergewöhnlichen Frage führte: Wie hoch oben ist oben? Bis in welche Höhe erstreckt sich der Luftraum, den ein

Land besitzt? Bis zum Ende des Universums oder was? Wir sahen allmählich, wie lächerlich wir uns machten. Es ergibt sich natürlich auch die Frage: Wie tief unten ist unten? Die Bodenschätze im Erdreich unter Ihren Füßen – gehören Sie Ihnen? Gehören Saudi-Arabien, ohne hier irgendein bestimmtes Land auf dem Globus beleidigen zu wollen, tatsächlich die Bodenschätze, das Öl unter seinem Territorium? Und wenn ja, wie tief unten ist unten? Manche würden wahrscheinlich sagen, bis zum Ende – das heißt, sie kommen auf der anderen Seite wieder heraus.

Das bedeutet übrigens wiederum, daß jeder alles besitzt, denn wenn du wirklich die Erde unter dir bis ans Ende besitzt, dann heißt das, daß du auch die Erde auf der anderen Seite des Globus besitzt. Ich möchte die Frage und auch die Antwort nicht ins Lächerliche ziehen, aber der Punkt ist, daß wir uns früher oder später zu einer Ebene entwickeln werden, auf der wir verstehen, daß wir nichts besitzen und einfach nur Verwalter sind. Und wenn wir dahin kommen, werden wir aufhören, das Land zu verseuchen, die Umwelt zu zerstören und all die Dinge zu tun, die wir Gaia antun, diesem Planeten, weil wir glauben, ein Recht darauf zu haben, weil er ja schließlich uns gehört. »Das ist mein Eigentum, ich mach' damit, was ich will.«

Ich habe die Vision von einer Ökonomie im

21. Jahrhundert, bei der die Form von Eigentümerschaft nicht länger möglich ist, die uns erlaubt, etwas willentlich und ohne jede Rücksicht auf die Auswirkungen für den Rest von uns zu zerstören, nur weil wir es gekauft haben.

Und dann sehe ich eine zweite Ebene der Ökonomie des 21. Jahrhunderts. Ich sehe, daß wir uns endlich darüber im klaren sind, daß genug da ist – genug von allem, was wir unserer Ansicht nach brauchen, um glücklich zu sein. Und daß wir so dahin gelangen, es schließlich miteinander zu teilen.

Es ist auch jetzt genug auf dem Planeten vorhanden; aber es gibt Millionen von Menschen, die da anderer Meinung sind. »Weißt du, Neale«, würden sie sagen, »du kannst ja hier sitzen und darüber reden, daß genug da, alles in ausreichendem Maße vorhanden ist, aber wir verhungern hier draußen. Wir haben nicht genug zu essen. Wir haben kein Dach über dem Kopf. Wir haben nicht genug Kleidung. Wir haben nicht genug Geld. Wir haben nicht genug von den guten Dingen, die du offensichtlich in Hülle und Fülle in deinem Leben hast.«

Und das ist wahr, sie haben nicht genug. Aber nicht, weil nicht genug von dem Zeug da ist, sondern weil die, die es haben, nicht bereit sind, es zu teilen. Es ist kein Geheimnis, daß ein Zehntel der Weltbevölkerung neun Zehntel der Ressourcen dieser Welt in seinen Händen hält. Ist das fair? Ist das in Ordnung? Ist das für eine Gesellschaft angemessen, die sich gerne selbst als hochstehend, als bewußt, als hoch entwickelt beschreibt?

Auf welcher Argumentationsebene kann sich eine Gesellschaft entwickelter Wesen die Rechtfertigung erlauben, daß ein Zehntel der Menschen neun Zehntel der Ressourcen in seinen Händen hält? Sich weigert, sie gerecht zu teilen mit dem Spruch: »Du verstehst das nicht. Es gehört mir, ich habe es gekauft, ich habe dafür gearbeitet, und du kannst es nicht bekommen.« Es ist schon erstaunlich, daß die neun Zehntel der Weltbevölkerung, denen ein Zugang zu diesen Ressourcen verweigert wird, nicht mehr revoltieren, als sie es bereits tun, und nicht einen unvorstellbaren Aufruhr verursachen.

Es ist erstaunlich, und der Grund dafür ist die Güte des menschlichen Herzens und auch die Unwissenheit, in der die meisten Menschen auf dieser Erde leben. Darum wollen die Politiker auch nicht zulassen, daß die weniger Glücklichen auf dieser Welt eine Ausbildung bekommen. Wissen ist Macht, und je mehr die Menschen wissen, desto deutlicher sehen sie, wie unfair unser ökonomisches Verteilungssystem und die Verteilung der Ressourcen auf diesem Planeten ist.

Ich habe eine Vision von einer Ökonomie im

21. Jahrhundert, die sich diese offensichtlichen Fakten anschaut und allmählich sieht, wie unfair das alles ist, und endlich einmal etwas dagegen unternimmt. Und wissen Sie, was das Interessante daran ist? Wir *können* in dieser Sache etwas unternehmen, ohne unbedingt jenen, die gegenwärtig die neun Zehntel der Ressourcen in den Händen halten, so viel wegzunehmen, daß sie das Gefühl haben, nun beraubt zu sein und Mangel leiden zu müssen. Ich kann Ihnen gar nicht sagen, wieviel man mir wegnehmen könnte, bevor ich mich beraubt fühlte.

Ich habe auf der Straße gelebt. Ich verbrachte fast ein Jahr auf der Straße und lebte davon, daß ich Dosen im Park aufsammelte und für fünf Cent an der Sammelstelle ablieferte. Ich bin an diesem Punkt gewesen. Ich kenne den Unterschied zwischen damals und der Situation, in der ich jetzt bin. Und Sie könnten mir neun Zehntel von dem, was ich jetzt besitze, wegnehmen, und ich wäre noch immer nicht auf dem Level von damals, ja nicht einmal nahe daran. Wieviel ist genug? Dies frage ich das eine Zehntel der Weltbevölkerung, die neun Zehntel der Ressourcen in den Händen halten. Wieviel ist genug? Und wieviel müssen die Menschen leiden, damit sie das Gefühl haben, genug zu haben? Das ist übrigens keine ökonomische Frage. *Es ist eine spirituelle Frage.*

Um auf die Frage dieser Dame in bezug auf die Fülle zurückzukommen. Im ersten Band steht, wenn ich Sie richtig verstehe, daß wir meinen, der Manifestationsprozeß verlaufe vom Gedanken über das Wort zur Tat. Und es wurde der Vorschlag gemacht, daß wir, wenn wir manifestieren wollen, diesen Vorgang umkehren müssen. Daß wir handeln müssen »als ob«. Ich möchte fragen, ob Sie dazu noch etwas sagen könnten.

Ja, ich danke Ihnen. Es gibt drei Ebenen der Schöpfung. Jeder von uns ist ein dreiteiliges Wesen, bestehend aus Körper, Geist und Seele – so wie auch Gott aus Körper, Geist und Seele besteht. Jede und jeder von uns ist ein individuelles Duplikat dieser Triade von Energien, die wir Gott nennen. Wir alle haben also drei Schöpfungszentren oder drei Schöpfungsinstrumente: Körper, Geist und Seele.

Ihre Gedanken produzieren Energie im Universum, und wenn Sie etwas oft und lange genug denken, wird dies ein physisches Resultat in Ihrem Leben herbeiführen. Hat das jemand schon einmal erlebt? Klar, die meisten von uns haben diese Erfahrung gemacht. Tatsächlich hat ein Typ 1946 einen Bestseller über dieses Thema geschrieben mit dem Titel *Die Kraft des positiven Denkens.* Dieser New-age-Schriftsteller war Dr. Norman Vincent Peale.

Unsere zweite Ebene der Schöpfung sind die Worte. So, wie Sie reden, wird es geschehen. Ihr Wort ist also im Grunde eine Form von Energie. Sie produzieren mit dem, was Sie sagen, ganz konkret Energie im Raum. Und diese Energie ist schöpferisch. Ich verspreche Ihnen, wenn Sie etwas oft und laut genug sagen, wird es eintreten. Wenn zwei oder mehr anfangen, dasselbe zu sagen, wird es sich ereignen. Und wenn eine ganze Gruppe von Menschen anfängt, dasselbe zu sagen, kann es gar nicht anders, als sich ereignen. Das nennt man kollektives Bewußtsein, und deshalb ist die Welt übrigens so, wie sie ist. Denn unser Kollektivbewußtsein befindet sich noch nicht auf der Ebene des individuellen Bewußtseins, über das viele von uns verfügen. Es ist somit unsere Aufgabe, das kollektive Bewußtsein anzuheben.

Es gibt nichts Mächtigeres auf der Welt als das kollektive Bewußtsein. Jeder Lehrer jeder spirituellen Tradition auf diesem Planeten hat in der einen oder anderen Form gesagt: »Wo zwei oder mehr versammelt sind.« Und das ist wahr.

Die Welt, die wir sehen, und alles, was wir in ihr sehen, war einmal ein Gedanke. Und die meisten Dinge, die wir sehen, entstanden aus den Gedanken, die mehr als eine Person – die viele Leute teilten. Das gilt für die meisten unserer Institutionen und unserer Systeme im politischen, erzieherischen, spirituellen, sozialen und auch ökonomischen Bereich. Wenn wir also das kollektive Bewußtsein verlagern und verändern können, können wir auch das Paradigma unserer gesamten Erfahrung auf diesem Planeten verlagern und verändern. Das ist der Grund, warum alle das zu tun versuchen. Darum geht es bei den Massenmedien. Darum geht es in der Politik: um das Verändern, Verlagern, um den Versuch, das kollektive Bewußtsein umzumodeln.

Wir müssen nun eine andere Möglichkeit ausfindig machen, wie wir *versuchen können, das kollektive Bewußtsein zu verändern.* An Politik haben wir schon genug gehabt, und auch genug an gesellschaftlichem Einwirken auf das kollektive Bewußtsein. Wie wäre es mit etwas spiritueller Einwirkung? Wenn wir ein neues kollektives Bewußtsein von unserer eigenen spirituellen Wahrheit, der höchsten Wahrheit, die uns allen in unserem tiefsten Kern innewohnt, herstellen könnten, würden wir die Welt buchstäblich über Nacht verändern. Über Nacht!

Aus diesem Grund sind Bücher wie *Gespräche mit Gott* so wichtig für diesen Planeten und eine solche Bedrohung für bestimmte Bereiche innerhalb des Establishments. Denn sie stellen eine direkte Leitung zum kollektiven Bewußtsein her.

Ist das kollektive Bewußtsein wichtig? Darauf können Sie wetten. Deshalb müssen wir in bezug darauf, was wir auf dem Bildschirm, in den Kinos und in den Büchern, die wir kaufen, zulassen, sehr achtsam sein. Wir müssen darauf achten, welchen Dingen wir unseren Geist aussetzen, und welchen Dingen wir unserer Entscheidung nach den Geist anderer aussetzen.

Wir sollten bestrebt sein, ein neues kollektives Bewußtsein zu erschaffen und wiederzuerschaffen und ein Gewahrsein vom Kollektiven herzustellen. Damit meine ich ein kollektives Gewahrsein von unserer kollektiven Erfahrung. In Wahrheit will ich damit sagen, daß wir nun ein universelles Gewahrsein von unserem Einssein brauchen – von der Tatsache, daß es in der Tat nur ein einziges Kollektiv gibt, dem wir alle angehören. Niemand existiert außerhalb davon. Und niemand in diesem Kollektiv ist besser als ein anderer. Was für ein außergewöhnlicher Gedanke.

Nun, unsere Handlungen – das, was wir mit dieser riesig großen Energieansammlung, unser Körper genannt, tun – sind natürlich die dritte Ebene der Schöpfung. Es ist eine sehr grobe Ebene – sehr grob. Ich meine, jetzt bewege ich hier die Luft. Wenn Sie Ihre Hand durch die Luft bewegen, ergibt das eine gewaltige Energiebewegung. Ich kann im wahrsten Sinn des Wortes jemandem Energie zuschieben.

Ist es Ihnen schon passiert, daß es Ihnen nicht besonders gutging und jemand auf Sie zukam und die Hände auf Ihren Kopf legte, nichts weiter? Und binnen fünf Minuten – manchmal auch nur fünf Sekunden – fangen Sie an, diese Wärme, diese Schwingung zu spüren. Und vermutlich sagen Sie dann: »Ich weiß zwar nicht, was du da gerade gemacht hast, aber ich fühle mich gut.«

Wenn Sie nun noch einen Schritt weitergehen … Ich mache dies hier manchmal mit der Dame, die zufällig meine Frau ist. Wenn Sie nun noch einen Schritt weitergehen und einander berühren, dann können unglaublich magische Dinge passieren. Es ist die Energie … Unglaublich magische Dinge können sich ereignen. Weil diese Energie sehr grob ist und keine sehr hohe Schwingung besitzt. Sie ist sehr schwer, sehr, sehr real.

Nun, das Problem im Leben ist, daß die meisten Menschen das eine denken, etwas anderes sagen und ein drittes tun. Sie denken also das eine und tun etwas anderes, oder sagen das eine und denken etwas anderes. Oder sie sagen nicht, was sie denken, oder tun nicht, was sie sagen. Ich weiß natürlich, daß niemandem hier im Raum je so etwas passiert ist. Doch ich habe Zeiten erlebt, in denen mir dieser Konflikt zwischen meinen drei Schöpfungszentren begegnet ist. Oft will ich den Menschen nicht sagen, was ich wirklich denke, weil ich nicht gerade stolz darauf bin. Warum denke ich es also? Das weiß nur Gott.

Seit kurzem habe ich angefangen, meine Gedanken manchmal zu überwachen. Und wenn ich einen Gedanken erwische, den ich nicht länger wähle, der nicht wirklich das ist, was ich bin, dann verschwende ich keinen weiteren Gedanken an ihn. Ich verschwende buchstäblich keinen weiteren Gedanken an ihn. Ich schmeiße ihn einfach raus. Sobald Sie keinen zweiten Gedanken darauf verwenden, hat er keine Macht mehr. Das ist das Nette an dieser Energie, sie ist sehr fein, sehr ätherisch. Man muß etwas immer weiter und weiter denken und nochmals und nochmals überdenken, bis es so stark gedacht ist, daß es von angesammelter Energie sehr schwer ist. Deshalb sagte Pogo (Walter Kelly ist der Autor dieses wunderbaren Comicstrips *Pogo*): »Wir sind dem Feind begegnet, und der Feind war wir.«

Ihr Leben verändert sich also allmählich, wenn Sie anfangen zu sagen, was Sie denken, und zu tun, was Sie sagen. Dann fangen Sie an, aus allen drei Schöpfungszentren heraus zu erschaffen. Und plötzlich beginnen Sie, in sehr kurzer Zeit außergewöhnliche Resultate zu manifestieren und produzieren.

Was war noch gleich die Frage?

Es geht um die Botschaft, die ich aus der Lektüre des Abschnitts über die Bewegung vom Gedanken über das Wort hin zur Tat bekam. Und um den Vorschlag, diese Bewegung umzudrehen, um so zu erwünschten Manifestation zu gelangen. Und ich wollte gerne, daß Sie das weiter ausführen und noch detaillierter darauf eingehen.

Vielen Dank. Danke, daß Sie mich wieder auf die Spur gebracht haben. Da müssen Sie bei mir aufpassen, ich quatsche mich leicht vom Thema weg. Doch ich bin fast beim Thema geblieben. Das Denken ist also die ätherischste oder, um ein einfaches Wort zu gebrauchen, die dünnste Form dieser schöpferischen Energie. Und das Wort ist, wiederum einfach ausgedrückt, die nächstdickere, die nächstdichtere Energieform. Und das Handeln ist dann natürlich eine Energiebewegung in wirklich dichter Form. Somit besteht eine der schnellsten Methoden, um etwas in unserer physischen Realität zu erschaffen, in der Umkehrung des normalen Prozesses, durch den wir normalerweise die Dinge erschaffen.

Normalerweise erschaffen wir die Dinge, indem wir als erstes über sie nachdenken. »Ich denke, ich geh' zu dieser Party.« Dann sagen wir etwas darüber. »Matilda, ich komme zu deiner Party heute abend.« Und dann tun wir etwas, wir kreuzen bei dieser

Party auf. »Hier bin ich, so wie ich gesagt habe.« Weil ich diesen Gedanken heute morgen »schwer gedacht« habe. Das ist die Art und Weise, in der wir im allgemeinen die Dinge in unserer Realität produzieren.

Tatsache ist, daß alles in diesem Raum einmal ein Gedanke von jemandem war. Hier ist nichts, was nicht einst der Gedanke von jemandem gewesen ist. Aber wenn Sie wirklich die Tricks des Universums vorführen und mit dem Stoff des Lebens selbst Magie erschaffen wollen, dann drehen Sie das Paradigma von Gedanke, Wort und Tat um. Machen Sie es anders herum und fangen Sie mit der Tat an. Das heißt: Handeln Sie so, als ob.

Wir haben hier von der Fülle gesprochen. Wenn Sie Fülle erfahren wollen, dann *seien* Sie Fülle und tun Sie das, was Fülle tut. Wenn Sie insgesamt nur noch fünf Dollar übrig haben, dann wechseln Sie diese in fünf Eindollarnoten um. Nehmen Sie diese fünf Scheine und geben Sie jeweils einen davon an fünf Leute auf der Straße, die noch weniger als Sie haben. Sie werden diese fünf Menschen übrigens sehr leicht finden. Sie werden innerhalb Ihres Erfahrungsbereichs immer jemanden finden, der weniger hat als Sie, ganz gleich, wie wenig Sie selbst zu haben meinen. Nicht weil die Welt so ein schrecklicher Ort ist, sondern weil *Sie dies in Ihrer Realität erschaffen werden,* um sich die Erfahrung zu verschaffen, von der ich hier spreche.

Also, da gehen Sie nun die Straße entlang. Und Sie sehen diese Person, die weniger hat ... übrigens sollten Sie kein Mitleid mit ihr haben. Sie haben sie dorthin versetzt. Sie haben diese Erfahrung erschaffen. Sie haben diese Person in Ihre Realität gebracht. Und das ist so, wie wenn Sie an Märchen glauben müßten. Sie müssen verstehen, daß es sich in dieser Weise ereignet. Ansonsten erblicken Sie diese kleine Seele und fangen an, Mitleid mit ihr zu haben. Sie sollten nie aus Mitleid an jemanden herantreten. Sie sollten aus fürsorglichem Interesse, aus Liebe kommen. Und das muß Ihnen klar sein: Liebe ist nicht Mitleid. Tatsache ist, daß Mitleid von Liebe so weit entfernt ist wie nur irgend möglich. Also gehen Sie nicht vom Mitleid aus, aber vom Mitgefühl.

Das Mitgefühl in Ihnen sagt: »Oh, da ist eine Person, die denkt, daß sie nicht das hat, was sie in ihrem Leben haben könnte. Da ist eine Person, die immer noch in einem Glaubenssystem gefangen ist, das eine Konstruktion um ihre Realität aufbaut, die anders ist als die meine und anders als die letztliche Wahrheit.« Haben Sie diese Art von Mitgefühl, aber nie Mitleid.

Doch seien Sie sich auch klar darüber, daß diese Person unter Umständen einfach aufgrund einer früheren Absprache dort aufgetaucht ist: Ich denke, ich werde heute einen Penner auf der Straße spielen. Tatsächlich werde ich meine Rolle sechsunddreißig Jahre lang einüben, damit mich Neale Donald Walsch, wenn er heute die Straße entlangkommt, wie abgemacht um Viertel vor fünf hier antreffen wird und ich mich ihm in dieser Weise in seinem Leben präsentieren kann, um ihm die Gelegenheit zu geben zu merken, daß er in der Fülle lebt. Und er wird mir diesen Dollar geben, einen der letzten fünf, die er hat, und das wird meine Lebensrealität außerordentlich verändern. Denn für mich, der ich hier auf der Straße von den Leuten nur Nickels und Dimes bekomme, ist ein Dollar enorm viel Geld. Dieser Typ gibt mir einen Dollar. Und dann gehe ich meiner Wege und habe meinen siebenunddreißig Jahre währenden Vertrag, mich auf diese Weise an jener Straßenecke zu zeigen, erfüllt.

Seien Sie sich absolut klar darüber, daß nichts rein zufällig passiert. Unsere Wege kreuzen sich auf sehr mysteriöse Weise, und manchmal finden wir uns zwanzig Jahre später wieder. Und es gibt mehr Dinge im Himmel und auf der Erde, als eure Schulweisheit sich träumt. Also seid euch klar: Es gibt keine bloßen Zufälle, keine rein zufälligen Begebenheiten.

Sie gehen also die Straße entlang und geben den letzten von Ihren fünf Dollars weg. Was ereignet sich da? Was passiert da? Sie haben das Paradigma von Gedanke, Wort und Tat umgedreht. Sie tun jetzt das, was eine aus der Fülle kommende Person tun würde, und Sie geben das weg, was Sie noch vor einer Stunde, bevor Sie diese Entscheidung trafen, keinesfalls weggeben zu können glaubten, weil Sie dachten, daß Sie nicht genug hätten. Doch jetzt ist Ihnen klar, daß Sie mehr als genug haben – so viel mehr, daß Sie sich dazu entschieden, es anderen zu geben.

Während Sie nun das weggeben, erschaffen Sie in Ihrem Körper, wie gesagt einer sehr groben Energieebene, eine Erfahrung. Der Körper merkt auf zellularer Ebene: »Mannomann, ich gebe dieses Geld weg. Schau dir das an. Ich laß es sogar los.« Das ist so ähnlich wie am Sonntagmorgen in der Kirche. Sie wissen, wie Sie über Geld denken. Wenn dann das Körbchen herumgeht, ziehen Sie diese Dollarnoten aus der Tasche. »Ich werde einen ganzen Dollar geben. Hast du das gesehen, Mildred? *Wow,* was für eine großartige Predigt heute morgen. Ich werde fünf Dollar daraus machen. Großartige Predigt.«

Ziehen Sie zwanzig Dollar aus der Tasche. Holen Sie Ihr Scheckbuch raus, und schreiben Sie einen Scheck über *hundert* Dollar aus. Lassen Sie Ihre Kirche wissen, wie wichtig sie Ihnen ist. Machen Sie das wenigstens einmal. Lassen Sie Ihre Kirche, Ihre Synagoge, Ihren Tempel, Ihre Moschee wissen:

»So wichtig ist dieser Ort für mich. Sonst gebe ich so eine Summe für allen möglichen Unsinn aus und nicht für das, was *Sinn* macht.« Und tun Sie das, wo immer Sie etwas sehen, das für Sie Sinn macht. Geben, geben, geben Sie von was immer Sie haben an das, das für Sie Sinn macht. Und Sie werden entdekken, daß es Sinn für Sie macht. *Dollars und Sinn.*

Denn das, was Sie einem anderen geben, geben Sie sich selbst, weil das, was man gibt wieder zu einem zurückkommt. Geld verliert in dem Augenblick seinen Wert, in dem Sie versuchen, an ihm festzuhalten. Geld hat nur Wert, wenn Sie bereit sind, es loszulassen. Das sollten sich jene merken, die ihr Geld behalten und sparen. *Sie sparen gar nichts.* Wissen Sie, daß das sogar auf globaler Ebene der Ökonomie stimmt? Je länger Sie Ihr Geld behalten und sparen, desto weniger ist es wert. Um das zu kaschieren, braucht es eine künstliche Konstruktion, Zinssatz genannt, um die Leute davon zu überzeugen, daß sich der Wert des Geldes durch ein Festhalten steigern läßt. Aber Sie haben Glück, wenn es Ihnen gelingt, den Wert des Geldes auch nur zu halten, wenn Sie lange an ihm festhalten.

Nein, nein, nein. Geld hat seinen größten Wert, wenn es *Ihre Hand verläßt.* Denn das befähigt und ermächtigt Sie, etwas zu sein, zu tun und zu haben, das zu sein, zu tun und zu haben Sie die Wahl getroffen haben. *Der einzige Wert des Geldes liegt darin, daß es Ihre Hand verläßt.* Aber wie gesagt, wir schaffen diese künstlichen ökonomischen Konstruktionen namens Zinssatz und so weiter, um Sie davon zu überzeugen, daß Sie Ihr Geld horten sollen. Sparen Sie ein wenig, wenn Sie wollen. Das ist in Ordnung. Ich selbst spare nicht sehr viel. Ich sorge einfach dafür, daß das Geld in Bewegung bleibt, ich halte es in Bewegung. Sie wissen, was ich meine – ich laß es einfach rausgehen und im Fluß bleiben.

Das ist die Antwort auf Ihre Frage: Wenn Sie Ihr Sein-Tun-Haben-Paradigma verändern, dann fangen Sie an *zu handeln, als ob.* Dann beginnt Ihr Körper auf zellularer Ebene zu verstehen, wer Sie wirklich zu sein glauben. Als ich ein Kind war, pflegte mein Vater zu sagen: »Was glaubst du denn, wer du bist?« Ich habe den Rest meines Lebens mit dem Versuch verbracht, diese Frage zu beantworten. Und mein Körper versucht zu verstehen, was ich darüber denke.

Wenn sich mein Körper in ein grobes Energiefeld begibt, dann fängt er an, Dinge in Bewegung zu setzen – er fängt zum Beispiel an, Dinge wegzugeben… Nun, es ist so wie mit dem Haar – Sie trainieren Ihr Haar, nicht wahr? Ich trainiere mein Haar auch. Ich kämme es nun schon seit Jahren auf diese Weise. Mein Haar ist trainiert. Und Ihr ganzer Körper kann so trainiert werden, nicht nur Ihr Haar. Und allmählich kapiert der Körper die Botschaft: »Ich habe das, was ich meiner Wahl nach empfangen will. Ich habe es bereits.« Also wenn Sie diese riesige Barriere erst einmal überwunden haben, ändert sich alles. Die Barriere besteht darin zu denken, es nicht zu haben. Und Sie versuchen zu bekommen, was Sie nicht haben, namentlich mehr Geld. Doch wenn Sie diesen Punkt erst einmal verstanden haben, dann *haben* Sie es; dann wird es nur noch zu einer Frage, wieviel Nullen hinter der ersten Ziffer stehen. Verstehen Sie? Auf diese Weise werden Sie entdecken, daß das, was Sie geben, tatsächlich auch wieder zu Ihnen zurückkommt. Nicht weil Sie irgendeinen magischen Trick mit dem Universum veranstaltet haben, sondern weil Sie endlich begriffen haben, wer Sie auf einer universalen kosmischen Ebene in Wahrheit sind. Das Universum sagt nie nein zu Ihren Gedanken über sich selbst. Es läßt sie nur wachsen. Haben Sie das gehört? Das Universum sagt nie nein zu Ihren Gedanken über sich selbst. Es läßt sie nur wachsen. Das Universum ist wirklich wundervoll. Denn Gott wächst auf Ihnen. Sehen Sie, Gott ist wie die Jauche des Universums. Ich dachte, ich sollte hier mal etwas völlig Ungehöriges sagen. Absolut empörend. Einen total aberwitzigen Vergleich bringen, um zu sehen, ob Ihr Geist den allerunerhörtesten Gedanken zu fassen vermag. Weil Gott – und ich meine das im freundlichsten Sinne – weil Gott das ist, was die Dinge wachsen läßt, zum Wachsen bringt. Und es wird Sie zum Wachsen bringen. Hilft Ihnen das ein bißchen?

Wenn es also etwas gibt, das Sie gerne sein, tun oder haben würden – hier ist das Geheimnis, hier ist die Wahrheit: Was immer es auch ist, das Sie Ihrer Ansicht nach gerne sein, tun oder haben würden, lassen Sie es *einen anderen* sein, tun oder haben. Betrachten Sie sich selbst als die *Quelle* statt als den *Empfänger* dessen, was Sie Ihrer Wahl nach im Leben erfahren möchten. Denn Sie sind nicht der Empfänger, sondern waren schon immer die Quelle und werden sie immer sein. Wenn Sie sich vorstellen, die Quelle dessen zu sein, was zu bekommen Sie sich wünschen, werden Sie sehr einfallsreich und reich an Hilfsquellen. Und dann werden Sie zu einem Magier, zu einem Zauberer.

Sie haben noch eine Frage? Ich will mich Ihnen so verständlich machen wie nur irgend möglich. Was ist Ihre Frage?

Ich höre und verstehe und begreife, was Sie sagen.

Ich frage mich, ob Sie auf den Punkt eingehen können, daß wir diesen Widerstand beim Tun in uns haben, weil wir immer noch glauben, immer noch befürchten, daß wir, wenn wir etwas weggeben, es nicht mehr haben werden. Der Widerstand ist sozusagen der Stachel. Und ich würde gerne wissen, wie Sie damit umgehen.

Wenn Sie wissen möchten, was Sie in Wahrheit glauben, dann schauen Sie sich an, welchen Dingen Sie sich widersetzen. Und am wichtigsten, schauen Sie sich an, welchen Veränderungen Sie Widerstand entgegensetzen.

Daran ist nichts Geheimnisvolles; wir wehren uns dagegen, das loszulassen, was wir nicht loslassen wollen, und das, was wir nicht loslassen wollen, ist das, was wir in Wahrheit glauben. Wir haben es hier also nicht mit einer rätselhaften Konstruktion zu tun; ich spreche hier von etwas ganz Offensichtlichem. Und doch ignorieren wir zuweilen das Offensichtliche und schauen nicht wirklich hin. Wenn ich Leute sehe, die sich gegen irgendeinen Vorschlag, eine Veränderung, eine Idee, einen Grundgedanken gewaltig sträuben, dann rate ich ihnen oft, mal nachzusehen, ob es sich hier nicht um eine im tiefsten Innern gehegte Überzeugung von einer Wahrheit handelt, die zu verändern sie sich wehren. Und dann zu schauen, ob dieses so grimmige Festhalten an dieser Wahrheit ihnen wirklich dienlich ist. Schauen Sie sich in einem solchen Fall genau an, ob diese Wahrheit Ihnen dient. Es ist erstaunlich, wie wenige von unseren im tiefsten Innern gehegten Wahrheitsvorstellungen uns wirklich dienlich sind.

Als ich meine inneren Wahrheiten einer Überprüfung unterzog und sie an der Frage maß: »Dient es mir, an dieser Wahrheit festzuhalten?« überraschte ich mich damit, daß ich mich dazu entschloß, auf der Stelle eine ganze Reihe von ihnen aufzugeben. Da gab es einige bemerkenswerte Wahrheiten in meinem Leben, darunter auch derart vereinfachende, daß ich mich fast geniere, sie zu äußern, wie zum Beispiel: »Ich bin wirklich keine sehr attraktive Person.« Ich meine physisch attraktiv.

Lassen Sie mich dazu etwas sagen. Dies hat nichts mit Geld zu tun. Aber ich möchte es Ihnen trotzdem einfach erzählen. Ich entsinne mich, daß ich einmal mit einer sehr, sehr attraktiven Frau zusammen war. Wir lebten zusammen. Sie war eine sehr schöne Frau. Und ich stand vor einem Spiegel – wir waren dabei, uns zum Ausgehen fertig zu machen. Ich sah sie im Spiegel an und sagte: »Weißt du, du bist so fabelhaft, warum willst du mit einer Person zusammensein, die so aussieht wie ich?«

Ist es nicht interessant, daß ich eine solche Frage stellte? Das zeigt, was für ein niedriges Selbstwertgefühl ich hatte. Aber ich hatte es nun einmal gesagt, und sie versetzte mir mit ihrer Reaktion einen Schock. Sie war dabei, ihr Haar zu bürsten. Sie warf die Bürste auf die Frisierkommode, nahm ihre Ohrringe ab, schickte sich an, ihre Halskette abzulegen – und ich fragte: »Was machst du da?

Und sie erwiderte: »Ich gehe nicht mit einer Person aus, die so wenig …« und ich dachte, nun würde sie sagen, »… von sich selbst hält.« Doch sie sagte: »… die so wenig von mir hält.«

»Was?« fragte ich. »Wer hält hier wenig von dir?

Und sie antwortete: »Denkst du, ich habe einen so grauenhaften Geschmack? Ist es das, was du über mich denkst? Ich möchte, daß du weißt, daß ich einen sehr guten Geschmack habe und daß du mich mit einer Frage wie dieser beleidigst.«

So hatte ich das nie gesehen. Interessant, nicht wahr? Ich weiß nicht einmal, warum ich Ihnen diese Geschichte erzähle. Es ist nur so, daß sie mir deutlich klarmachte, daß ich nichts kapiert hatte. Ich hatte eine sehr merkwürdige Vorstellung von mir, die sie überhaupt nicht teilte.

Ich machte also diese Liste mit all meinen Überzeugungen, die zu verändern ich mich bislang gewehrt hatte. Ich führte alle auf, angefangen bei meiner stark vereinfachenden Überzeugung, daß ich keine attraktive Person sei, bis hin zu sehr viel wichtigeren Glaubensvorstellungen: Gott ist nicht auf meiner Seite; die Welt ist ein unangenehmer Aufenthaltsort; jedermann ist gegen mich; du kannst nicht gegen das System an; der Sieger kriegt die Beute; nur die Stärksten und Fittesten überleben – sehr tief verwurzelte Überzeugungen, die mein Leben bestimmt hatten. Und die Anzahl dieser »inneren Wahrheiten«, die mir nicht dienlich sind, ist bemerkenswert.

Also sage ich zu den Leuten, wenn ich sehe, daß sie sich etwas widersetzen: Schaut es euch an. Dort liegt eure Wahrheit. Und dann seht euch an, ob euch diese Wahrheit dienlich ist. Und ich möchte wetten, daß Ihnen diese Wahrheit in acht von zehn Fällen nicht länger dient. War sie Ihnen einmal dienlich? Möglicherweise. Dient sie Ihnen jetzt? Ich denke nicht. Doch das Ding, dem Sie sich widersetzen, das bleibt bestehen. Und nur das, was Sie sich anschauen und akzeptieren, kann verschwinden. Sie bringen es einfach dadurch zum Verschwinden, daß Sie Ihre Meinung darüber ändern.

Jetzt fühle ich einen Widerstand und setze mich über ihn hinweg. Einfach, weil ich es jetzt besser weiß. Weil ich jetzt weiß: Das Ding, dem du dich widersetzt, das bleibt bestehen, und das, was du dir anschaust, das verschwindet. Wenn ich jetzt in mir einen Widerstand gegen etwas spüre, dann weiß ich, daß dort, jenseits dieses Widerstands, die Wahrheit liegt. Was immer an Widerstand wo auch immer in meiner Realität auftaucht – jenseits davon befindet sich, wie ich nun weiß, die größte Wahrheit. Und weil ich das weiß, heiße ich dieses Gefühl, dieses Gefühl des Unbehagens, willkommen. Sehen Sie, das Leben beginnt da, wo unsere Behaglichkeitssphäre endet.

Damit meine ich, daß wir unsere Herausforderungen, unsere größten Chancen und Gelegenheiten jenseits unserer Bequemlichkeitszone finden. Wir haben alle die Neigung, uns im Behaglichen und Bequemen einzurichten. Nicht nur im physischen, sondern oft mehr noch im mentalen Bereich. Und wenn wir es uns mental bequem gemacht haben, stagnieren wir auch mental. Wir sind dann so eine Art mentaler und auch spiritueller Kloß. Und das Aufregende im Leben findet sich am Rande all dessen, auf der anderen Seite des für uns gemütlichen Terrains. Die Gefahr, die in dieser Behaglichkeit liegt, besteht natürlich darin, daß wir nicht wachsen, uns nicht weiterentwickeln. Wir lernen nichts, wir expandieren nicht. Gut, wir fühlen uns behaglich, aber wir haben den Großteil unseres Lebens in puncto Erweiterung oder Wachstum nichts zustande gebracht.

Also halte ich immer Ausschau nach dem, was mir Unbehagen bereitet, und gehe da hinein. Denn genau das wird mich letztlich größer machen, wird mich zum Wachstum veranlassen und dazu, daß ich zu einer größeren Version meiner selbst, zu einer größeren Version dessen, was ich bin, werde. Deshalb schaue ich mir alles, was mir in meinem Leben Unbehagen bereitet, genau an.

Ich will Ihnen noch ein Beispiel geben. Vor acht oder zehn Jahren sah ich mir einen Film an, es war kein amerikanischer Film. Und darin gab es eine sehr intensive und dynamische Liebesszene, mit viel Nacktheit und in allen Details dargestellt. Mir wurde dabei sehr unbehaglich zumute. Ich sah mir diese Szene an und dachte bei mir: »Was daran erweckt in dir ein solches Unbehagen? Wie kommt es, daß du ohne das geringste Unbehagen Sylvester Stallone dabei zusehen kannst, wie er den Leuten die Köpfe wegschießt? Unglaubliche Gewalt, die du dir da anschaust, vielleicht ein bißchen amüsiert, aber ohne jegliches Unbehagen. Und jetzt siehst du dir da diese Szene der sexuellen Liebe und erfüllten Leidenschaft an, und da ist ein Teil in dir, der sich ein bißchen unbehaglich fühlt.«

Das war vor acht oder zehn Jahren, und ich habe mich mit dieser Angelegenheit sehr lange befaßt. Was daran bereitete mir Unbehagen? Ich vertiefte mich in diese Frage und fand ein paar Antworten, die mein ganzes Leben veränderten, meine ganze Erfahrung im Zusammenhang mit der Sexualität, mit anderen Menschen, mit meiner Bereitschaft, einen Aspekt meiner selbst zu feiern, der ein so elementarer Teil meiner Grundnatur ist.

Ich änderte auch meine Ansichten über Gewalt. Wenn ich heute Gewaltszenen auf der Leinwand sehe, reagiere ich so, wie ich vormals bei Szenen reagierte, die ganz offen die Sexualität feiern. Diese Szenen kann ich mir jetzt ohne das geringste Unbehagen ansehen, aber wenn ich Szenen offener Gewalt sehe, pralle ich zurück.

Ich habe hier ein einfaches Beispiel angeführt. Der Punkt, auf den es mir dabei ankommt, ist der, daß ich in meinem Leben gelernt habe, mir alles anzusehen, was mir Unbehagen bereitet, und mich dann tiefer in diese Erfahrung hineinzubegeben, weil sich dort wahrscheinlichr etwas findet, das ich heilen oder zumindest genauer erforschen möchte. Ich möchte herausfinden, ob mir die Tatsache, daß es mir Unbehagen bereitet, dienlich ist.

Wenn ich sage, daß das Leben da anfängt, wo die Komfortzone aufhört, dann meine ich das auch so. Auf dieser Seite unserer Bequemlichkeitszone findet nicht das wirkliche Leben, sondern eine Art langsamer Tod statt. Ich denke, den Menschen sollte es wenigstens sechsmal am Tag unbehaglich zumute sein. Und wenn es Ihnen das nicht ist, dann *tun Sie etwas,* das Ihnen Unbehagen bereitet. Halten Sie eine Rede, singen Sie ein Lied, tanzen Sie. Gehen Sie ins Kino und sehen Sie sich einen Film mit einer Menge Sexszenen an.

In dem Moment, in dem ich anfange, mich unbehaglich zu fühlen, sage ich mir: »Oh, da ist wieder dieses Unbehaglichkeitsgefühl. Ja, ja, nur zu. Ich fühle mich tatsächlich wohl mit meinem Unbehagen – falls das irgendeinen Sinn für Sie ergibt.

Verstehen Sie die göttliche Dichotomie? Ich finde Trost in meinem Unbehagen, in diesem anfänglichen Moment von »Oh, ich habe nicht... Nichts für mich«. Vor einer Weile wurde ich gebeten, Geld für eine sehr wichtige Sache zu spenden, und ich notierte mir den Gedanken: »Na gut, praktiziere, was du predigst.« Also schrieb ich einen Scheck über zehntausend Dollar für diese bestimmte Sache aus. Schön und gut. Dann dachte ich bei mir: »Also auch für mich ist das keine geringe Summe...« Und ich fing an, schwer zu atmen, zu keuchen. Dann steckte ich den Scheck tatsächlich in einen Umschlag. Sollte ich ihn wirklich abschicken? Doch dieses Gefühl des Unbehagens, dieses »Ich bin mir gar nicht sicher, ich bin mir da wirklich nicht so sicher« bedeutet, ich bin mir absolut sicher. Es bedeutet, daß der höchste Aspekt meiner selbst zu mir spricht – und das auf eine Art und Weise, die Schwingungen durch alle meine Körperzellen schickt, die ich früher als Unbehagen bezeichnete, jetzt aber ein Signal des Göttlichen nenne. Begeben Sie sich da hinein, laufen Sie nicht mehr davor weg.

Wann immer ich mir selbst die Erfahrung von meiner Großartigkeit verweigert habe, war es deshalb, weil ich vor meinem Unbehagen floh, statt mich in es hineinzubegeben – und mich so vom Ort meiner Freude ausschloß. Das war nicht nur ab und zu, sondern *in jedem einzelnen Fall* so.

Nun werden einige von Ihnen fragen: »Aber was ist mit der Vorsicht?« Und meine Antwort lautet: »Schlagen Sie die Vorsicht in den Wind. Was können Sie schon verlieren außer allem?« Und solange Sie nicht bereit sind, alles zu verlieren, können Sie auch nicht alles haben. Denn Sie glauben, es geht um das Festhalten an dem, was Sie jetzt haben. Das, woran Sie festhalten, wird Ihnen durch die Finger gleiten. Doch das, was Sie loslassen, wird siebenfach zu Ihnen zurückkommen. Denn wenn Sie sich um Ihres lieben Lebens willen an etwas klammern, bedeutet das, daß Sie glauben, davon und von allem anderen getrennt zu sein – und dies ist eine extrem starke Aussage.

Schauen Sie, ich bin hier, und Sie sind da. Und ich habe all dieses Zeug und muß daran festhalten.

Aber Ihr *Loslassen* ist die großartige Aussage, daß Ihnen klar ist, daß es keinen Ort gibt, wo Sie enden und ich anfange. Deshalb gebe ich es, wenn ich es loslasse und an Sie weitergebe, in einem sehr realen Sinn an mich zurück.

Hier sind drei Worte, an die Sie immer denken sollen.

Tätowieren Sie es sich auf Ihr linkes Handgelenk: *Sei die Quelle.*

Seien Sie die Quelle dessen, was Sie für einen anderen wählen würden. Gehen Sie von diesem Ort des »Ich bin die Quelle« aus.

Wenn Sie sich mehr Magie in Ihrem Leben wünschen, dann bringen Sie durch sich mehr Magie in den Raum ein. Wenn Sie sich mehr Liebe in Ihrem Leben wünschen, dann bringen Sie durch sich mehr Liebe in den Raum ein. Wenn Sie sich mehr Freude in Ihrem Leben wünschen, dann bringen Sie durch sich mehr Freude in den Raum ein.

Seien Sie im Leben der anderen die Quelle dessen, was Sie sich für Ihr eigenes Leben wünschen.

Wenn Sie mehr Geld in Ihrem Leben haben wollen, dann bringen Sie mehr Geld in das Leben anderer. Was immer es ist, das Sie in höherem Maße haben wollen … mehr Mitgefühl in Ihrem Leben … mehr Weisheit in Ihrem Leben, dann seien Sie die Quelle der Weisheit im Leben anderer. Wenn Sie mehr Geduld, mehr Verständnis, mehr Freundlichkeit, mehr Sex … Der Punkt ist, es funktioniert. Es *funktioniert.* Es ist köstlich.

Und durch diesen Prozeß und durch den Prozeß des Seiens, den Prozeß des Seins, wer Sie wirklich sind, bringen Sie praktisch über Nacht die Erfahrung der rechten Lebensweise und der Fülle in Ihr Leben. Und die Welt wird Sie mit allem Lohn überschütten, nach dem Sie so viele Jahre lang vergeblich gestrebt haben.

Lassen Sie zu, daß Ihr Tun dem Ort Ihres Seins entspringt. Seien Sie glücklich, seien Sie in der Fülle, seien Sie weise, seien Sie kreativ, seien Sie verständnisvoll, seien Sie eine Führungsperson, seien Sie in jedem Augenblick Ihres Lebens der oder die, der oder die Sie wirklich sind. Kommen Sie von diesem Ort her, und lassen Sie Ihr Tun diesem Ort entspringen. Sie werden für sich ein Leben erschaffen haben und es gestalten, statt ein bloßes Dasein zu fristen.

Teil III

Sich in der Welt bewegen

Ich heiße Sie willkommen. Schön, Sie alle hier zu haben. Wir werden heute über das ganzheitliche Leben sprechen: darüber, was es heißt, als ganzheitliche Person zu leben, und darüber, was uns davon abhält. Wir werden uns anschauen, warum wir nicht nur glauben, voneinander getrennt zu sein, sondern uns auch als von unserem eigenen Innern abgetrennt ansehen. Und ich möchte den Anfang machen, indem ich ein bißchen über jenen Aspekt unserer Lebenserfahrung in diesem Körper spreche, den wir Gesundheit nennen.

Als ich meinen Dialog mit Gott begann, hatte ich gesundheitlich einen absoluten Tiefpunkt erreicht. Ich meine, mein Körper fiel buchstäblich auseinander. Ich hatte starke Arthritis, die die meiste Zeit sehr, sehr schmerzvoll war. Ich hatte zudem eine schwere Fibromyalgie. Ich hatte einige Probleme mit dem Herzen, die mir ständig zu schaffen machten. In einem Jahr hatte ich sogar Magengeschwüre. Ich will damit sagen, daß mit meinem Körper eine ganze Menge los war. Heute fühle ich mich gesünder als vor zehn Jahren. Und wahrscheinlich sehe ich auch ein bißchen gesünder aus als vor zehn Jahren – obwohl das kein großes Kunststück wäre. Und angesichts all meiner Erfahrungen möchte ich Ihnen nun einfach erzählen, was mir in meinem Gespräch mit Gott zum Thema Gesundheit übermittelt wurde.

Als erstes wurde mir etwas gesagt, das zu den erstaunlichsten Dingen gehört, die mir je über mich gesagt wurden. »Neale, die Schwierigkeit mit dir«, so sagte Gott zu mir, »ist die, daß du keinen Lebenswillen hast.«

»Nein, nein, nein«, erwiderte ich. »Das stimmt nicht. Natürlich will ich leben. Was du da sagst, ist abartig und albern.«

Und Gott sagte. »Nein, nein, du willst nicht leben. Denn wenn du leben wolltest, würdest du dich anders verhalten, als du es jetzt tust. Ich weiß, du denkst, daß du leben willst, aber das kann nicht wirklich sein. Und mit Sicherheit ist ganz klar, daß du nicht in alle Ewigkeit leben willst. Denn wenn du das wolltest, würdest du nicht die Dinge tun, die du tust.«

Und ich fragte: »Wieso, was meinst du denn damit?«

Und da zeigte mir Gott die Dinge, die ich tat, und

die dem Universum signalisierten, daß ich mich nicht gerade sehr darum bekümmerte, was mit meinem Körper passierte. Zum Beispiel rauchte ich damals. Und Gott sagte zu mir: »Du kannst nicht rauchen und behaupten, daß du wirklich einen Lebenswillen hast. Denn Rauchen bringt dich ganz sicher vorzeitig um.«

Nun, diese Tatsache muß inzwischen nicht mehr bewiesen werden. Sie können natürlich sagen: »Ich habe wirklich den Willen zu leben und ich habe vor, ein langes und vitales Leben zu führen« und in diesem Moment an Ihrer Zigarette ziehen. Doch dann mißachten Sie alle Beweise, die darauf hindeuten, daß ein langes und fruchtbares Leben, wie wir es verstehen, auf diese Weise nicht geführt werden kann.

Ich habe hier jetzt ein albernes einfaches Beispiel angeführt. Oder da gibt es Leute, die Unmengen rotes Fleisch verzehren. Ihnen möchte ich einfach nur sagen: alle Dinge in Maßen. Ich kenne Menschen, die praktisch bei jeder Mahlzeit rotes Fleisch essen. Tatsächlich können sie sich eine Mahlzeit ohne gar nicht vorstellen. Das ist in Ordnung. Daran ist nichts falsch. Es geht hier nicht um richtig oder falsch. Es geht hier nur um das, was im Rahmen der menschlichen Erfahrung funktioniert und was nicht.

Bei manchen unserer Entscheidungen in bezug auf unsere Lebensführung geht es um nicht ganz so eindeutige Dinge. Es geht nicht um zuviel Alkohol oder um halluzinogene Drogen oder irgend etwas, das uns ganz offensichtlich nicht zuträglich ist. Bei manchen Dingen geht es um etwas sehr viel Subtileres. Es gibt eine Art mentale Diät oder mentale Nahrungsaufnahme in Form von Ideen und Gedanken, welche uns nicht dienlich sind und nicht gestatten, ein gesundes Leben zu führen.

Ich habe zum Beispiel bei meinen Gesprächen mit Gott herausgefunden, daß alles, was nicht eine absolut positive Einstellung im Leben ist, Leiden herbeiführen kann. Mir wurde zu Bewußtsein gebracht, daß auch die winzigsten Negativitäten, wenn wir sie ständig wiederholen, uns immer wieder auf sie einlassen, sich letztlich in einer Weise im menschlichen Körper auswirken, die wir dann Krankheit oder Leiden nennen. Und ich war überrascht, wie oft ich mich dabei ertappte, keine ausgesprochen positiven Gedanken zu haben. Das waren kleine Gedanken wie: »Ich kann doch nie gewinnen« oder: »Das wird bei mir nie eintreten« oder auch sehr viel stärkere negative Gedanken.

Und so begann ich zu lernen, meine Gedanken zu kontrollieren, um nicht von den negativen Energien umgeben zu sein, die von diesen negativen Gedanken angezogen werden. Das gilt vor allem für meine Gedanken über andere Menschen.

Als ich noch jünger war, empfand ich nicht nur eine starke Abneigung gegenüber bestimmten Personen, sondern erlaubte mir, um ganz ehrlich zu sein, an solchen Gedanken und Empfindungen geradezu *Spaß zu haben.* Ich meine, auf einer bestimmten Ebene gaben sie mir sogar ein gutes Gefühl.

Es kommt mich hart an, das zuzugeben, aber da war ein Teil in mir, der sich in der Wut, die ich auf einige Leute hatte, oder in der Abneigung, die ich gegenüber bestimmten Personen empfand, richtig suhlte. Und es war mir bis vor kurzem gar nicht bewußt, daß diese Wut und Abneigung einen bestimmten Teil von mir nährten, ebendiesen Aspekt meiner Person mit sehr schädlichem Zeug fütterten.

Menschen, die wütend oder zornig sind – auch wenn sie es nur ein bißchen, aber doch beständig sind –, bekommen plötzlich einen Herzanfall, Magenprobleme, entwickeln Geschwüre und befinden sich allgemein in einer schlechten körperlichen Verfassung.

Oder um es anders auszudrücken: Ich kenne nur sehr, sehr wenige Leute, die stets fröhlich und ewig krank sind. Vermutlich gibt es Ausnahmen, die die Regel bestätigen. Aber Sie werden feststellen, daß sich das Maß an Positivität, mit dem jemand durchs Leben geht, fast immer in Übereinstimmung mit dem Maß an Gesundheit dieses Menschen befindet.

Und umgekehrt stellen wir fest, daß Menschen, die nicht gesund sind, die immer einen Anfall von diesem oder jenem, die chronische Krankheiten und Leiden haben, sehr oft Leute sind, die es sich erlaubt haben, negativ über das Leben zu denken und sich mit negativen Energien zu umgeben.

Die Energie, die unter diesen negativen Energien eine Vorrangstellung einnimmt, ist die Wut bzw. der Groll. Ich spreche von Menschen, die anderen wegen der Rolle, die diese früher in ihrem Leben gespielt haben, grollen. Und von Menschen, die in ihrem gegenwärtigen Leben den Schmerz jener früheren Tage und Zeiten mit sich tragen, so als würden sich alle diese Dinge in diesem Moment ereignen.

Ich meine, man kann manchmal die Leute ansehen und – quasi auf einer Skala von eins bis zehn – an ihnen ablesen, welches Maß an Schmerz sie mit sich herumschleppen. Ein Schmerz, der zweifellos für sie sehr real ist. Doch einer, der ihnen nicht länger dient und sehr wenig mit dem Hier und Jetzt, sondern vielmehr mit dem Dort und Damals zu tun hat. Und diese Menschen lassen ihren Schmerz einfach nicht los, weil sie denken, daß sie es nicht können. Nicht, daß sie es nicht wollen, aber sie haben sich selbst absolut davon überzeugt, daß sie es nicht können.

»Neale, du verstehst das nicht. Wenn dir passiert

wäre, was mir passiert ist, dann würdest du es verstehen. Aber du verstehst das eindeutig nicht.« – Sie gestatten im Grunde auch niemandem, den Schmerz von ihnen zu nehmen, selbst wenn es möglich wäre. Denn wenn sie diesen Schmerz losließen, würden sie auch all den Kram loslassen, der rechtfertigt, wie und was sie sind und was sie all diese vielen Jahre ausgemacht hat. Und das, obwohl die ursprüngliche Verletzung oder zerstörerische Erfahrung in manchen Fällen bereits acht, zehn, fünfzehn, zwanzig oder dreißig Jahre her ist.

Aber daran festzuhalten und es über all diese Zeit hinweg zum Teil ihrer lebendigen Realität zu machen, bewirkt natürlich nichts weiter, als daß es der Person, die den ursprünglichen Schaden anrichtete, gestattet, weitere dreißig Jahre lang diesen Schaden anzurichten – und das immer und immer wieder.

Wie ich bereits sagte, kennen wir alle solche Leute, und manchmal rühren sie unser Herz. Sie fragen sie: »Was kann ich tun? Wie kann ich dir helfen, damit du bemerkst, daß jenes damals war, und das hier heute ist und daß du nicht daran festhalten mußt?«

Ich kann Ihnen sagen, nichts schädigt den menschlichen Mechanismus, den menschlichen Organismus, dieses biologische Haus, in dem wir wohnen, schneller und gründlicher als solche ungelösten negativen Gedanken oder Emotionen, die wir von irgendeinem

»gestrigen Augenblick« her mit uns herumschleppen, und von dem wir meinen, daß er so ziemlich über das Wer und Was wir sind und sein werden entschieden hat.

Also ist einer der ersten Schritte hin zum ganzheitlichen Leben die Vergebung. Und solange wir nicht das göttliche Heilen erlernt haben, solange wir nicht den Balsam der Vergebung auf unsere Wunden gestrichen haben, werden diese Wunden in unserem Innern eitern, noch lange nachdem die äußerlichen Narben verschwunden sind. Und dann werden wir mit dreißig oder vierzig oder einundfünfzig oder dreiundsechzig vor enormen körperlichen Herausforderungen stehen und nicht wissen, wo sie herrühren.

Ich las gestern auf dem Flug hierher in einer Zeitung von einem Mann, der mit einundvierzig Jahren an einem Herzinfarkt starb. Seine Freundin wählte die Notrufnummer, konnte aber niemanden an den Apparat kriegen, weil das System eine Stunde lang außer Betrieb war. Also starb der Mann. Ich dachte mir, daß er vermutlich ein ganz normaler gesunder Typ von einundvierzig Jahren war. Und er hat sich einfach so verabschiedet. Offensichtlich war in seinem Innern einiges los.

Eine der Lehren in meinen Gesprächen mit Gott, und eine der Aussagen in dem ganzen Material, die zu verdauen und zu akzeptieren ich mit die größte

Mühe hatte, ist: *Jegliche Krankheit wird von euch selbst erschaffen.* Nun, das ist eine schwierige Angelegenheit, denn dann wollen wir uns gleich an einen anderen unserer Lieblingsorte begeben, den der Selbstkasteiung und des Schuldgefühls: »Warum tue ich mir das an?« Tatsache ist, wenn ich krank bin, hasse ich nichts mehr, als wenn so eine Person auf mich zukommt und mich fragt: »Warum tust du dir das an?« Ich bedanke mich dann bei ihr für ihr Mitgefühl. Anschließend murmle ich etwas von einem »hohen Roß«.

Es mag ein Körnchen Wahrheit darin stecken, aber ich halte eine derartige Konfrontation für nicht sehr nützlich. Wir könnten uns allerdings schon fragen: »Warum erschaffe ich das?« Aber noch wichtiger und sehr viel mehr auf den Punkt gebracht ist die Frage: »Was ist nötig, um davon wegzukommen?« Machen Sie sich also bewußt, daß wir uns auf einer bestimmten Ebene alle Krankheiten selbst erschaffen. Und wenn wir das erst einmal verstanden haben, dann werden wir vermutlich auch verstehen, daß die größte Krankheit von allen, die, die wir den »Tod« nennen, ebenfalls von uns selbst erschaffen ist.

Mir wurde gesagt, daß wir im Grunde nicht zu sterben brauchen, aber daß wir alle aus den verschiedensten Gründen gewählt haben, letztlich unseren physischen Körper zu verlassen. Weil wir mit ihm fertig sind und wir dieses spezielle Leben und diese spezielle Form nicht länger brauchen, um das zu erreichen und zu vollbringen, was zu erreichen und vollbringen wir hierhergekommen sind. Meister und Meisterinnen, die das wissen und verstehen, verlassen ihren Körper auf sehr anmutige und würdevolle Weise, einfach so, wie wir ein Kleidungsstück ablegen, das wir nicht mehr nützlich finden, oder uns von einer Erfahrung entfernen, die uns nicht länger dienlich ist. Meisterinnen und Meister entfernen sich einfach von ihrer gegenwärtigen körperlichen Form und sagen: »So sei es, das ist das Ende davon. Und jetzt auf zum nächsten großen Abenteuer und dem nächsten herrlichen Ausdruck von dem, was und wer ich wirklich bin.«

Es besteht eine gewisse Distanz gegenüber dieser speziellen physischen Form oder eine gewisse Losgelöstheit, wenn Sie so wollen. Aber solange wir diese Form haben und uns das auch gefällt, ist es doch sehr nett, wenn wir hierbei von einem Ort der Gesundheit und Kraft und Energie ausgehen können. Und das ist möglich, indem wir nur ein paar ganz einfache Regeln befolgen, ein paar Gesundheitsregeln, die wir alle kennen. Doch viele von uns glauben, nicht imstande zu sein, sich an diese Regeln zu halten. Das erste, was Gott also im Kapitel über Gesundheit in *Gespräche mit Gott* zu mir sagte, war: »Kümmere dich um Himmels willen besser um dich selbst. Ich meine, du kümmerst dich mehr um dein Auto als um deinen Körper. Und das will übrigens nicht viel heißen.

Du bringst dein Auto häufiger zum Check-up als deinen Körper. Und du nimmst häufig einen Ölwechsel an deinem Auto vor, als du ein paar deiner Gewohnheiten und einige der Dinge, die du deinem Körper einverleibst, veränderst. Also kümmere dich um Himmels willen besser um deinen Körper.«

Ich möchte Ihnen nur ein paar einfache, um nicht zu sagen, stark vereinfachende Rezepte an die Hand geben.

Nummer eins: Trainieren Sie Ihren Körper. Machen Sie jeden Tag irgend etwas, das ihm erlaubt, sich genutzt und trainiert zu fühlen, auch wenn es nur ein bißchen ist. Es ist erstaunlich, was schon fünfzehn oder zwanzig Minuten am Tag für den menschlichen Körper bewirken können.

Zweitens: Achten Sie darauf, was Sie Ihrem Körper einverleiben. Schauen Sie, ob es Ihnen guttut, dauernd irgendwelchen Mist in ihn hineinzustopfen. Lassen Sie das Zeug, das ihm nicht bekommt, beiseite. Ich spreche nicht von den offensichtlichen Dingen wie Zucker, Süßigkeiten, Fett und all dem Zeug, das uns eindeutig nicht guttut. Ich meine, daß Sie auf Ihren Körper hören sollten, bei allem, was Sie essen. Ich habe in den letzten Monaten als Folge meiner neuen Ideen über die Nahrungsmittel, die mein Körper braucht, eine ganze Menge Gewicht verloren. Und jetzt bin ich, zumindest im Vergleich zu meinem Zustand von vor einem Jahr, ein bißchen dünner und drahtiger.

Nun ist es nicht so, daß dünn besser oder korpulent nicht so gut ist. Darum geht es nicht. Wenn Sie sich mit Ihrem gegenwärtigen Gewicht wohl fühlen, dann ist das gut, dann ist das wunderbar. Aber wenn Sie sich damit nicht allzu wohl fühlen, wenn Sie anfangen, ein bißchen schwerfällig zu gehen und sich irgendwie beeinträchtigt fühlen, dann wollen Sie vielleicht ein paar ganz einfache Vorsichtsmaßnahmen ergreifen. Es genügen wirklich wenige grundlegende Verhaltensweisen, um gesund zu bleiben. Körperübungen und darauf zu achten, was und wieviel Sie essen gehören dabei natürlich zu den offensichtlichen Dingen, aber wie ich schon sagte, passen Sie auch auf Ihre mentale Diät auf.

Doch ganzheitlich gesehen ist das nur der Anfang. Ganzheitliches Leben beginnt auf dieser ziemlich einfachen Ebene, es bewegt sich jedoch hin zu einem Ausdruck des Selbst, der heil und vollständig ist. Dort endet es auch, und dann spricht man davon, daß jemand ein heiliges Leben führt. Das bedeutet, daß wir auf allen drei Ebenen der Schöpfung agieren und auf allen sieben Energieebenen, die wir die Chakras des menschlichen Körpersystems nennen. Ganzheitliches Leben bedeutet, daß wir die mit diesen Chakras verbundenen Erfahrungen nicht aufgeben und diese uns durchfließenden Energien nicht ignorieren.

Dabei möchte ich hier speziell auf unsere sexuelle Energie zu sprechen kommen, weil darüber, wie man ein ganzheitliches Leben und ein spirituelles Leben lebt, eine ganze Menge gesagt worden ist.

Manche Leute haben geäußert, daß ein hochspirituelles Leben verlangt, zölibatär oder keusch oder asexuell – wie immer Sie wollen – zu leben, also die sexuelle Energie zu verleugnen. Diese Leute glauben, daß Menschen, die ganz offenkundig ihre sexuellen Bedürfnisse ausleben, die große Freude am Ausdruck ihrer menschlichen Sexualität finden und sie in vollen Zügen genießen, zwar okay, aber nicht wirklich sehr hoch entwickelt sind.

Es gibt ein ganzes philosophisches Lehrsystem, das sich darum rankt, daß heilige Menschen wenig oder gar nichts mit Sex zu tun haben. Diese Lehre ist in manchen Traditionen so stark vertreten, daß man jeglicher sexuellen Erfahrung abschwören und sich ihr verweigern muß, um sich als Angehöriger dieser Kultur oder Gesellschaftsschicht bezeichnen zu können.

Ich fragte Gott danach, denn das interessierte mich sehr. Ich fragte: »Gott, stimmt es, daß ich, um ein wirklich ganzheitliches Leben führen und den großartigsten Teil dessen, wer ich bin, erfahren und zum Ausdruck bringen zu können, wirklich und wahrhaftig ...« (und ich wollte, wie ich gestehen muß, schon beinahe sagen) »... den niedrigsten Teil dessen, der ich bin, verleugnen muß?« Und ich meinte hier noch nicht einmal den niedrigsten Teil im Sinne des untersten Chakras. Ich meinte den niedrigsten Teil im Sinne meines Denkens darüber.

Mir schien, daß dieses Ding, das ich meine Sexualität nannte, der niedrigste von allen meinen Aspekten war. Er war ein Teil meines Wesens, den ich zwar anzuerkennen bereit war, allerdings nicht so offen, nicht allzu augenfällig. Ich war auf ihn – außer unter bestimmten Umständen und in bestimmten Augenblicken meines Lebens – auch nicht gerade stolz. Es war also diese Scham, diese gewisse Verlegenheit damit verbunden, die ich in meinem Leben häufig gespürt habe. Zum Beispiel wurde mir als Kind das Gefühl vermittelt, daß solche Dinge, die mit Sex zu tun haben, irgendwie nicht richtig, daß sie schmutzig seien. Ich kann mich da an eine Szene erinnern. Ich war ungefähr zwölf oder dreizehn Jahre alt, vielleicht auch ein bißchen jünger, und ich zeichnete Frauen. Ich malte Bilder aus Zeitschriften ab und schwelgte,

Sie wissen schon, in den wunderbaren Kurven... und in dieser wundervollen kleinen Erregung, die damit einhergeht. Was man eben so tut, wenn man zwölf ist und – wie soll ich sagen – ein bißchen ungezogen sein möchte. Was immer daran ungezogen sein mag. Jedenfalls erinnere ich mich, daß ich damit beschäftigt war.

Und meine Mom kam ins Zimmer und erwischte mich dabei, wie ich nackte Frauen zeichnete. Ich liebte meine Mutter natürlich. Sie war eine wunderbare Person; inzwischen ist sie gestorben. Aber ich erinnere mich an diesen Augenblick sehr gut, weil ich sehr, sehr verlegen war. Denn ihre Reaktion bestand in blankem Entsetzen darüber, daß ihr Sohn dasaß und nackte Ladys zeichnete.

»Was tust du da?« fragte sie. Und der Ton in ihrer Stimme ließ mich erahnen, daß es wahrscheinlich nichts war, womit ich mich beschäftigen sollte. Und natürlich war ich in dieser Lebensphase mit *nichts anderem* beschäftigt... wie auch übrigens noch eine ganze Reihe von Jahren danach... und selbst bis auf den heutigen Tag – bis zu einem gewissen Grad...

Heutzutage kann ich das genießen. Heutzutage kann ich lachen und mich an dem Teil von mir freuen, der zugeben und bestätigen kann, daß ich immer noch an der Betrachtung der menschlichen Gestalt Vergnügen finde, vor allem an der weiblichen

Gestalt. In bestimmten Fällen stimuliert mich das. Und das ist nichts Richtiges oder Falsches, es ist einfach das, was es für mich ist.

Aber ich brauchte fast ein halbes Jahrhundert – man stelle sich das vor –, um dahin zu gelangen, daß ich nicht mehr das Gefühl hatte, mit einer solchen Aussage zugleich kundzutun, daß ich irgendwie weniger entwickelt, vielleicht ein bißchen weniger spirituell, vielleicht ein bißchen weniger dieses oder jenes war. Und das hatte mit vielen, vielen Episoden – so wie jener, als mich damals meine Mutter beim Zeichnen von nackten Frauen erwischte – zu tun. Es gab eine ganze Menge solcher Erlebnisse, bei denen man mich spüren ließ, daß diese definitiv unstatthaft waren, daß wirklich entwickelte Menschen derartige Erfahrungen nicht machten.

Und dabei ging es nicht nur um eine kindliche Ungehörigkeit, obwohl an meinem Tun gar nichts Ungehöriges war. Es ging um weitaus mehr als das. Es ging um unsere Vorstellungen als Erwachsene (und darauf werde ich noch einmal zurückkommen), was es bedeutet, ein entwickelter und heiliger Mensch zu sein; und daß solche Menschen sich einfach nicht auf solche Energien einlassen und keine derartigen Erfahrungen machen. Nun, sie tun es. Und vielleicht macht sie gerade das zu Heiligen.

Ich stellte also Gott die Frage: »Was hat es mit der

Energie des unteren Chakras auf sich? Muß ich, um mich weiterzuentwickeln, diesen ganzen Erfahrungsbereich meiner selbst aufgeben?« Ich hatte alle diese Geschichten darüber gehört, wie man die Energie vom Wurzelchakra über das Solarplexus- und Herzchakra bis ins Scheitelchakra hinaufleiten muß und sich dann an diesem wunderbaren Ort befindet. Und daß man sich mit nichts unterhalb des Halses abgibt. So machen das die wahren Meister. Wahre Meister leben nicht in Bereichen unterhalb ihres Halses, sondern nur in denen vom Hals aufwärts.

Und ich habe mich immer gefragt: »Wie kann das sein? Hat Gott das wirklich so gewollt? Da muß doch noch mehr dahinterstecken.« Und dann erfuhr ich, daß wir für ein ganzheitliches Leben alle Energien oder Chakras oder Energiezentren des Körpers einsetzen sollen. Wir sollen uns voll auf das Wurzelchakra, auf das Solarplexuschakra, auf das Herzchakra und auf das höchste Chakra von allen einlassen. Wir sollen uns ganz auf alle unsere Chakras einlassen.

Und wenn wir erst einmal beim obersten angelangt sind, dann geht es nicht darum, die fünf unteren außen vor zu lassen, uns von dem da abzuschneiden ... Ich meinte nicht, speziell das da abzuschneiden – davon rede ich nicht. Und ich weiß gar nicht, worüber Sie lachen. Sie dort drüben zuckte zusammen, als ich das sagte. Ich glaube, sie meint das Falsche ... Es geht nicht darum, sich von diesen fünf unteren Chakras abzutrennen und nur in den oberen oder in diesem letzten zu verbleiben. So funktioniert das nicht. Es geht darum, daß Sie die Energie nach oben leiten, aber die Verbindung mit allen Chakras darunter beibehalten. Und dann leben Sie ganzheitlich.

* * *

Ein ganzheitliches Leben impliziert noch mehr als das – mehr als das Läutern der Gedanken oder das Loswerden von Negativität; mehr als nur seinen Körper zu trainieren, bewußt zu essen und gesund zu leben; mehr auch als aus allen Energiezentren, aus allen Aspekten heraus zu leben.

Es bedeutet eine Umstrukturierung des ganzen Lebens, neue Erkenntnisse darüber zu erlangen, wie das Ganze, wie der Prozeß, den wir Leben nennen, funktioniert. Und es beinhaltet, daß wir zu einer neuen Klarheit über die Ganzheitlichkeit unseres wahren Seinswesens kommen. Die meisten Menschen finden es heutzutage sehr schwer – im Grunde war es aber schon immer nicht einfach –, ein Leben aus der umfassenden Vorstellung von der Ganzheitlichkeit ihres wahren Wesens heraus zu führen. Und der Grund für diese Schwierigkeiten liegt darin, daß sie in ihrer Angst gefangen sind. Das Leben der meisten

Menschen wird in dem einen oder anderen Maße von Angst bestimmt.

In *Gespräche mit Gott* wird uns gesagt, daß es nur zwei Orte gibt, denen alle Gedanken, Worte oder Taten entspringen: daß alles, was wir denken, sagen oder tun, seinen Ursprung in der Liebe oder aber in der Angst hat. Bei vielen Menschen ist es die Angst, die die meisten Gedanken, Worte und Taten beherrscht und erschafft. Und deshalb ist der erste Schritt hin zu einem ganzheitlichen Leben der, daß wir aus der Angst heraustreten und uns von ihr entfernen.

Einer meiner großen Lehrer sagte einmal einen Satz zu mir, den ich nie vergessen habe: »Neale, nenne deine Ängste Abenteuer.« Ist das nicht großartig? Nenne deine Ängste Abenteuer! Als ich anfing, mich daran zu halten, begann ich mich von meiner Angst zu entfernen. Und ich machte mich auch daran, mir anzuschauen, was es war, vor dem ich mich letztlich so sehr fürchtete. Und natürlich war das letzten Endes Gott. Sehen Sie, ich dachte, Gott würde mir für all die Dinge, die ich war oder nicht war, nie vergeben; würde mir all die Fälle nicht verzeihen, in denen ich seine Erwartungen, die er meiner Vorstellung nach in mich setzte, nicht erfüllt hatte; würde mir all die Male, die ich mich gemessen an Gottes Forderungen, so wie ich sie mir vorstellte, ungehörig benommen hatte, nie vergeben.

Und oh, diese Forderungen wurden aus allen Bereichen meiner Gesellschaft und von vielen, vielen Menschen in meinem Leben an mich gestellt. Und erst, als ich anfing, meine ganz eigene und persönliche Beziehung zu Gott aufzubauen und zu erfahren, konnte ich aus meiner Angst vor seiner Reaktion auf meine bisherige Lebensführung heraustreten.

Hier ist die Aussage, die Gott uns alle machen lassen möchte, auch dann, wenn wir uns unsere Litanei angeblicher Vergehen vor Augen führen: »Ich bin ohne Schuld, und ich bin unschuldig.«

Das heißt nicht, daß ich noch nie in meinem Leben etwas getan habe, das ich jetzt nicht anders machen würde. Das heißt auch nicht, daß ich mich der Verantwortung für die Ergebnisse entziehen will, an denen ich mitgewirkt habe. Aber es heißt, daß ich keines Verbrechens schuldig bin.

Wenn es ein Verbrechen ist, ein Mensch zu sein, dann bin ich schuldig. Wenn es ein Verbrechen ist, eine sich entwickelnde Wesenheit zu sein, dann bin ich schuldig. Wenn es ein Verbrechen ist, ein wachsendes Bewußtsein, eine größere Sensibilität und ein größeres Verständnis vom Ausdruck dessen, der ich bin, zu entwickeln, dann bin ich schuldig. Aber wenn diese Dinge keine Verbrechen sind, und ich kann Ihnen versichern, im Reich Gottes sind sie das nicht, dann bin ich ohne Schuld, dann bin ich unschuldig.

Und Gott wird mich nicht bestrafen, weil ich etwas irgendwie nicht auf die Reihe gebracht habe. Und Gott wird mich schon gar nicht bestrafen, weil ich etwas nicht so gemacht habe, wie jemand anders sagte, daß es richtig sei.

Nun, ich möchte Ihnen ein Erlebnis aus meiner Kindheit erzählen. Ich bin römisch-katholisch getauft und auch so erzogen worden, und man brachte mir natürlich schon in frühem Alter bei, das Kreuzzeichen zu machen. Das gibt es nicht nur bei den Katholiken, sondern zum Beispiel auch bei den Griechisch-Orthodoxen.

Also man lehrte mich – und bitte, ich möchte hier niemandem gegenüber respektlos sein – das Kreuzzeichen auf folgende Weise zu machen: »Im Namen des Vaters und des Sohnes und des Heiligen Geistes.« (Begleitet von entsprechenden Handbewegungen.) Die Griechisch-Orthodoxen machen es, wenn ich mich nicht irre, so. (Entsprechende Handbewegungen.)

Haben Sie einen Unterschied bemerkt? Ich berührte erst diese Schulter und dann diese, statt umgekehrt. Ich entsinne mich, daß mir, als ich in der dritten Klasse war, eine Nonne sagte, daß das die falsche Art und Weise sei, das Kreuz zu machen, und daß es so nicht funktioniere – oder jedenfalls habe ich sie damals in diesem Sinn verstanden.

Nun, es gibt alle möglichen Dinge, die wir auf die falsche Art tun können. Da gibt es Menschen, die sagen, daß du mindestens dreimal am Tag den Teppich ausrollen und dich gegen Osten verneigen mußt. Da gibt es Menschen, die sagen, daß du nur vor einem ganz bestimmten Teil der Klagemauer stehen darfst. Und wenn du eine Frau bist, kannst du nicht bei den Männern stehen. Da gibt es Menschen, die sagen, daß du dieses und jenes Ritual durchführen mußt, sonst kannst du nicht in den Himmel kommen. So wurden wir mit diesen Vorstellungen und Gedanken von dem, was richtig und was falsch ist, und was Gott verlangt und nicht verlangt, vollgestopft. Und die Last der Schuldgefühle, die wir wegen der Dinge, die wir in unserem Leben getan haben, mit uns herumschleppen, ist beachtlich. Manche davon waren ganz unschuldige, rein aus der Kindhaftigkeit geborene Dinge. Und das ist am allertraurigsten, wenn ein kleines Kind dazu gebracht wird, sich wegen etwas, das es getan hat, schuldig zu fühlen.

Ich erinnere mich daran, daß ich so etwa elf war und mir im örtlichen Fast-Food-Restaurant einen Hamburger genehmigte, als mir plötzlich einfiel: »O mein Gott, es ist Freitag.« Ich war ein sehr gläubiger kleiner katholischer Junge und dachte, ich hätte eine Sünde begangen. Man hatte mir gesagt, daß es eine läßliche Sünde sei, am Freitag Fleisch zu essen. Und ich weiß noch, daß ich sehr aufgeregt war, weil ich dies getan hatte.

Als ich nach Hause kam, schaute meine Mutter mich nur an und fragte sofort: »Was ist los? Bist du okay? Hat dich jemand verprügelt? Was ist passiert?« Und ich sagte: »Nein, aber ich habe Fleisch gegessen. Ich habe vergessen, daß Freitag ist. Gott wird sehr böse auf mich sein.« Das habe ich mit meinen elf Jahren wirklich geglaubt. Ich war ganz verzweifelt darüber, denn ich war sehr gläubig – ich war sogar Ministrant.

Ich gestand also meiner Mutter, daß ich Fleisch gegessen und vergessen hatte, daß es Freitag war. Meine Mutter, Gott segne sie, nahm mich einfach nur in die Arme und sagte: »Mein Lieber, es ist okay. Ich bin ganz sicher, daß alles in Ordnung ist. Reg dich nicht darüber auf.«

Nun, meine Mutter war klug genug, um zu wissen, daß ich mit meinen elf Jahren wahrscheinlich noch nicht bereit war zu hören, daß Gott das alles völlig egal war. Erst Jahre später, als ich einundzwanzig wurde, konnte ich allmählich einen solchen Gedanken zumindest im Ansatz begreifen. Denn damals las ich zufällig eine riesige Schlagzeile auf der ersten Seite unserer Lokalzeitung: »Der Papst erklärt, daß es keine Sünde mehr ist, am Freitag Fleisch zu essen.« Und ich dachte: »Ist das nicht wunderbar! Jetzt kommen all die Menschen, die am Freitag Fleisch gegessen haben, aus der...« Natürlich kamen sie nie dafür in die Hölle, sondern nur ins Fegefeuer, weil das Fleischessen am Freitag nur eine Art moralisches Fehlverhalten und kein wirklich großes Verbrechen war.

Ich hoffe, Sie sehen es mir nach, daß ich hier Beispiele aus meiner eigenen Kindheit anbringe. Wir alle können, ungeachtet unserer religiösen Herkunft, Geschichten darüber erzählen, wie wir dazu gebracht wurden, uns wegen aller möglichen Dinge schuldig zu fühlen.

Nun, ich muß Ihnen sagen, wenn sich das nur auf geringfügige Sachen beschränken würde (»kleine Kartoffeln«, wie mein Vater gesagt hätte), dann wäre das alles kein Problem. Aber die Wahrheit ist, daß die Hälfte der Menschheit riesige Schuldgefühle wegen Dingen mit sich herumschleppt, die ganz einfach nur ein Ausdruck des Wunders dessen sind, wer wir sind. Dinge wie, um ein Thema von vorhin aufzugreifen, der freudvolle Ausdruck und das Feiern unserer Sexualität. Dies ist ein augenfälliges Beispiel für einiges von dem, was uns mit unserer Einwilligung Schuldgefühle macht. Oder eine Menge Geld haben – manche Leute fühlen sich sehr schuldig, weil sie eine Menge Geld haben. Sie haben ein so schlechtes Gewissen, daß sie anfangen, ihr Geld wie verrückt wegzugeben, nur um ihr Schuldgefühl zu besänftigen. »Ja, ich habe eine Menge Geld, aber ich spende jedes Jahr eine Viertelmillion Dollar. So kann ich mich wegen dieser schrecklichen Sache, die mir da passiert ist, ein bißchen besser fühlen.«

Und vor allem solltest du nicht eine Menge Geld haben, wenn du das Wort Gottes lehrst oder sonst irgend etwas wirklich Wundervolles tust. Also zahlen wir unseren Lehrern nichts, und wir zahlen unseren Krankenschwestern so gut wie nichts. Je wertvoller etwas für eine Gesellschaft ist, desto weniger bezahlen wir. Was sagt Ihnen das über das Schuldgefühl, das wir in bezug auf all die guten Dinge des Lebens haben? Ganz zu schweigen von den ehrlichen Fehlern – ich möchte sie menschliche Fehler nennen –, die wir machen, von unseren Fehleinschätzungen und Irrtümern, und ich meine hier Irrtümer nur in dem Sinn, daß wir so etwas nicht noch einmal machen würden.

Wir prügeln uns, wir kasteien uns und setzen uns selbst ins Unrecht. Wenn wir nicht aufpassen, schaffen wir als Folge der Fehler, die wir gemacht haben, unsere eigene Hölle auf Erden. Damit bringen wir auch Krankheit über uns und schaffen es nicht, ein ganzheitliches Leben zu leben.

Eine der großartigsten und befreiendsten Aussagen, die zu machen Sie je hoffen können, lautet also: »Ich bin ohne Schuld, und ich bin unschuldig.« Und gehen Sie dann von diesem Ort der Reinheit, des Staunens und der Ganzheit aus. Denn wenn Sie erst einmal Ihre Schuldlosigkeit akzeptieren, können Sie sich, wie Humpty Dumpty, selbst wieder zusammensetzen.

Denken Sie daran, was ich vorhin sagte: Vergebung ist der Schlüssel zur Ganzheit. Und nun möchte ich noch einen Zusatz anbringen: Vergebung, die gleich hier und jetzt beginnt. Tatsache ist, daß Vergebung, wenn sie nicht hier beginnt, nirgendwo ankommen kann. Denn Sie können nicht geben, was Sie nicht haben.

Ganzheitliches Leben bedeutet, mit allem zu leben: mit dem ganzen Auf und Ab, Links und Rechts, Hier und Dort, Davor und Danach, Männlichen und Weiblichen, das es beinhaltet. Wir alle haben diese männliche und weibliche Energie, die uns durchströmt, die in uns ist, die wir sind, und die durch uns zum Ausdruck kommt. Das heißt, wir sollten uns von nichts distanzieren, einfach alles anerkennen und uns dann aufgeben, was uns nicht länger dient, was nicht länger eine höchste Aussage über das ist, was wir unserer Vorstellung nach sind. Dann können wir am Rest festhalten, obschon wir es großzügig und freimütig an all die weggeben, deren Leben wir berühren.

Was raten Sie Eltern mit kleinen Kindern? Was können wir unseren Kindern sagen? Wie können wir sie über Gott belehren?

Wissen Sie, daß ich hier auf diesem Stuhl sitze, bedeutet noch lange nicht, daß ich eine Antwort auf all diese Fragen habe. Ich bin wahrscheinlich die letzte Person, die man um Ratschläge für Eltern bitten sollte. Ich stehe vermutlich auf der Liste der zehn schlechtesten Väter der Welt. Aber ich weiß nicht – vielleicht macht mich das ja gerade zu einer Person, die man fragen sollte. Ich kann Ihnen all die Fehler aufzählen, die ich gemacht habe. Ich denke aber, daß ich einen Fehler nicht gemacht habe. Ich habe nicht aufgehört, meine Kinder bedingungslos zu lieben. Und ich habe sie nie um etwas gebeten, von dem ich dachte, daß sie es nicht geben wollten... mir oder dem Leben. Mein Rat, den ich Eltern wohl geben würde, ist der, ihre Kinder so zu lieben, wie sie selbst geliebt werden möchten. Nicht von Erwartungen auszugehen. Nicht von Forderungen auszugehen, und vor allem: die Kinder ihr Leben leben zu lassen.

Gebt sie frei. Laßt sie los. Laßt sie gegen all diese Wände rennen und all diese Fehler machen. Laßt zu, daß sie sich ab und zu weh tun und verletzen. Stellt sie wieder auf die Beine und helft ihnen, wenn sie ein Wehwehchen haben, sofern ihr könnt. Aber versucht nicht, sie davon abzuhalten, ihr eigenes Leben zu leben. Gebt ihnen ihre Freiheit – auch die Freiheit, etwas zu tun, das ganz eindeutig nicht in ihrem besten Interesse ist und ihr sogar als »falsch« bezeichnen würdet.

Wissen Sie, der beste Rat, den ich Eltern geben könnte, ist der, ihre Kinder so zu behandeln, wie Gott uns behandelt: »Dein Wille für dich ist mein Wille für dich. Ich gebe dir freie Wahl, die Entscheidungen in deinem Leben zu treffen, die du treffen möchtest, und ich werde, ganz gleich was passiert, nie aufhören, dich zu lieben.« Ich wünschte meine Eltern hätten diese Einstellung mir gegenüber gehabt. Ich wünschte, ich wäre so mit meinen eigenen Kindern verfahren. Ich meine, ich wünschte, ich hätte diese Art von Beziehung. Aber wir versuchen es.

Und das andere, das ich Eltern sagen würde, ist: Vergeßt nicht, daß ihr Eltern seid. Ich meine, ich habe einen Großteil meines Lebens tatsächlich vergessen, daß ich Vater war. In dieser Hinsicht habe ich meine Kinder emotional im Stich gelassen. Und das ist ganz entschieden nicht okay.

Was können Sie zum Thema Liebe sagen?

Ich glaube, Liebe ist die am meisten mißverstandene Emotion im Universum. Ich glaube nicht, daß auch nur die Hälfte der Leute weiß, was wirkliche Liebe ist. Und ich glaube auch, daß noch nicht einmal die Hälfte der Menschen auf diesem Planeten sie je erfahren hat. Wenn die Menschen auch nur für einen Augenblick erlebten, was wahre Liebe ist, würden wir nicht so leben, wie wir miteinander leben. Wir würden einander nicht antun, was wir einander antun. Wir könnten nicht ignorieren, was wir ignorieren. Wir könnten nicht zulassen, daß die Dinge so sind, wie sie sind.

Das erste Problem ist natürlich das, daß wir nicht gelernt haben, uns selbst zu lieben. Aber wir können einem anderen nur geben, was wir zu geben haben. Und wenn wir hier keine Liebe haben, können wir sie auch nicht weitergeben. Das sind so offensichtliche Dinge, daß ich mich geniere, sie auszusprechen.

Was gibt es sonst noch zur Liebe zu sagen? Versuchen Sie es mal mit ihr! Aber wenn Sie es versuchen, dann ganz und gar. Mit Haut und Haaren! Versuchen Sie einmal jemanden zu lieben, ohne irgendwelche Bedingungen oder Einschränkungen. Ohne Erwartungen, ohne etwas im Austausch dafür zu fordern. Versuchen Sie nur ein einziges Mal, jemanden in dieser Weise zu lieben. Aber passen Sie auf, denn wenn Sie das einmal tun und dieses Gefühl haben, werden Sie süchtig danach.

Nun, ich dachte mir, daß ich Ihnen nun Gelegenheit geben möchte, Fragen zu stellen. Jetzt ist Ihre Chance. Fragen Sie, was immer Sie wollen. Dort drüben hat jemand eine Frage.

Was sagen Sie den Menschen in bezug auf ihre genetische Veranlagung? Manche Leute glauben zum Beispiel, aufgrund ihres genetischen Erbes übergewichtig zu sein oder unausweichlich Krebs zu bekommen. Was sagen Sie den Menschen, die meinen, keine Kontrolle über ihr Leben zu haben, die überzeugt sind, daß ihnen solche Sachen einfach passieren?

Wie du glaubst und wie du sagst, so wird dir geschehen. Und in der Medizingeschichte finden sich viele Fälle von Menschen, die sozusagen gegen den Strom schwammen und Resultate produzierten, die dem, was ihr genetisches Erbmaterial erwarten ließ, genau zuwiderliefen.

Ich denke, es wäre töricht zu behaupten, daß so etwas wie eine genetische Veranlagung nicht existiert. Die Wissenschaft hat bewiesen, daß es sie gibt. Also ist eine genetisch bedingte Anfälligkeit zum Beispiel für eine bestimmte Krankheit Realität. Aber das muß kein Zustand sein, aus dem es keinen Ausweg gibt. Dies muß nicht unvermeidlich oder unausweichlich sein.

Wenn jemand anfällig für eine bestimmte Krankheit oder ein Leiden ist, bedeutet das nicht, daß er keine Kontrolle darüber hat. Wenn wir absolut keine Kontrolle über unsere mentalen, physischen oder psychischen Veranlagungen hätten, dann gäbe es für uns so etwas wie Vorbestimmung; wir wären den Launen des Schicksals unterworfen – in diesem Fall einem physiologischen Schicksal. Und das ist einfach keine Voraussetzung für menschliche Erfahrung.

Viele unserer Neigungen und Anfälligkeiten sind gewählt – ich meine, einprogrammiert. Es gibt eine philosophische Richtung, die lehrt, daß sich niemand aus Versehen in einem bestimmten Körper inkarniert. Man kann also sagen, daß manche der in unser biomechanisches System, in unseren Körper eingebauten Neigungen Bedingungen sind, die wir im voraus gewählt haben. Wir haben sie uns als Arbeitsinstrumente ausgesucht, als Farben oder Pinsel, mit deren Hilfe wir die Leinwand unseres Lebens bemalen. Aber wir können diese Farben jederzeit ändern, wenn wir wollen. Wir könnten sagen: »Nein, ich habe zuviel Blau drin, ich glaube, ich mache mit Orange weiter.« Und wir können ein neues Bild anfangen oder dem ursprünglichen ein anderes Aussehen geben.

Ich glaube, es ist wichtig zu verstehen, daß es keinen machtvolleren Aspekt der menschlichen Lebenserfahrung gibt, als die Vorstellung, die wir von ihr haben, als unsere Entscheidung und Wahl in bezug auf sie; und daß nichts groß oder stark genug ist, um unsere mitschöpferische Partnerschaft mit Gott bezwingen zu können.

Wenn Gott und ich beschließen, etwas in der biochemischen Fabrik, mein Körper genannt, zu verändern, dann tun wir das auch, Veranlagung hin oder her. Und nichts kann diesen Prozeß stoppen. Und genau durch diesen Prozeß haben sich Menschen von Krebs geheilt und andere physische und emotionale Leiden abgewendet, von denen sie vielleicht ansonsten befallen worden wären, oder von denen sie zunächst glaubten, daß sie sie mäßig erdulden müßten.

Die Gene in Ihrem Körper sind nur Indikatoren, Hinweise, den astrologischen Zeichen nicht unähnlich. Ich denke, daß sie uns in unserem Körper Hinweise geben, so wie die astrologischen Zeichen uns als Hinweise auf den größten Körper dienen, den Körper, den wir Universum nennen. Und so ist jede und jeder von uns, so hat man gesagt, ein Miniaturkosmos. Wie die astrologischen Zeichen können unsere Gene uns Hinweise auf die Richtung geben, in die wir reisen wollen, aber sie stehen nicht für das Unvermeidliche. Sie sind quasi nur Wegweiser, deuten auf einen Weg hin, der genommen werden wird, es sei denn, wir überlegen es uns anders.

Und wenn es uns nicht gefällt, was unsere Gene

uns über die Richtung, die wir körperlich einschlagen könnten, erzählen, dann müssen wir unseren Sinn ändern. Durch diesen Prozeß des Sinneswandels haben Menschen sogenannte unbesiegbare Leiden und Krankheiten überwunden. Wir können also unseren Sinn ändern, wann immer wir wollen, und so zu einer neuen Erfahrung gelangen. Doch daran – und das ist entscheidend – glauben nicht sehr viele Leute. Und weil nur so wenige Menschen das glauben, haben es auch nur so wenige Menschen bewiesen.

Ist es uns möglich, eine durch genetisches Erbmaterial oder durch Umwelteinflüsse bedingte Veranlagung zu überwinden, die zu bestimmten Auswirkungen oder Erfahrungen führen sollte? Wenn es nicht möglich ist, dann ist das großartigste Versprechen Gottes eine Lüge, und wir haben keinen freien Willen und sind nicht Herr über unser eigenes Schicksal. Dann hätte man uns eine ungeheuerliche Unwahrheit erzählt. Aber das glaube ich nicht. Das, was ich sehe, und mein eigenes Leben demonstrieren das Gegenteil...

Haben Sie auch schon Gespräche mit Gott geführt, bevor Sie diese drei Bücher schrieben? Und in welcher Form?

Ich war mir, bevor aus den Büchern Bücher wurden, bevor das Material durch mich durchkam, nicht bewußt, daß ich »Gespräche mit Gott« führte, wie wir es jetzt nennen. Das wurde mir erst bewußt, als das Material durchkam – und das übrigens nicht in Buchform. Es geschah im Grunde in Form eines sehr intimen Dialogs mit mir selbst.

Von da an war ich mir sehr bewußt darüber, daß mein ganzes Leben, wie auch das Ihre – ein Gespräch mit Gott ist. Und daß alle von uns nicht nur Gespräche mit Gott führen *könnten*, sondern das auch jeden Tag tun.

Eine der Fragen, die mir am häufigsten gestellt wird, ist: »Warum Sie?« Die Antwort lautet, daß es nicht ich bin. Ich bin nicht der Auserwählte. Wir alle reden jeden Tag unseres Lebens mit Gott. Wir wissen es nur nicht oder nennen es nicht so.

Möchten Sie also anfangen, Ihr gelebtes Leben als Ihr Gespräch mit Gott zu begreifen? Stellen Sie sich vor, Sie erleben Ihr Gespräch mit Gott in Form des nächsten Songs, den Sie im Radio hören, in Form der Handlung des nächsten Romans, den Sie zufällig lesen, Sie finden es im nächsten Artikel, den Sie in einer Zeitschrift beim Friseur finden, oder in der beiläufigen Äußerung einer Freundin, der Sie auf der Straße begegnen – oder eben in Form von Worten, die Ihnen ins rechte Ohr geflüstert werden. Werden Sie all das als Ihr ganz persönliches Gespräch mit Gott wahrnehmen und erleben? Dann machen Sie die Erfahrung, nach der Sie mich fragten, und von der Sie annehmen, daß nur ich sie machen kann.

Sie müssen nur ein paar einfache Schritte befolgen, wenn Sie sich dazu entscheiden, solche Gespräche mit Gott als Teil Ihrer Realität zu führen.

Der erste Schritt ist der, daß Sie offen verkünden und sich selbst gegenüber erklären, daß es möglich ist. Wie viele von Ihnen glauben wirklich, daß Gott an diesem Tag Ihres Lebens direkt zu Ihnen sprechen kann und wird? Gut. Wunderbar. Fast alle von Ihnen. Das ist großartig. Denn das ist der erste Schritt. Sie müssen wirklich sagen: »Warte mal, das kann sein und passiert in der Tat eben jetzt.«

Nachdem Sie diese Möglichkeit anerkannt haben, ist der zweite Schritt der, daß Sie sich zu glauben erlauben, daß Sie würdig sind, einer oder eine von denen zu sein, die diese Erfahrung machen können. Wir sind alle dazu fähig, aber nur sehr wenige von uns sind imstande anzuerkennen, daß wir *würdig* sind. Für viele Menschen ist aus Gründen, über die ich bereits gesprochen habe, das Selbstwertgefühl ein riesiges Problem.

Vieles von dem, was wir gelernt haben, schwächt unser Selbstwertgefühl und bringt uns dazu, uns minderwertig zu fühlen. Wir erfahren, daß wir nicht soviel wert sind, wie wir eigentlich dachten, und das führt dazu, daß wir uns schließlich wertlos fühlen. Erschreckend viele Menschen gehen mit einem Gefühl von Wertlosigkeit durchs Leben. Schritt zwei beinhaltet also, daß Sie die Tatsache ins Auge fassen und akzeptieren, daß Sie eines Gespräches mit Gott würdig sind.

Der dritte Schritt ist der, daß Sie wahrnehmen, daß dieses Gespräch, wie schon gesagt, ständig stattfindet. Und hören Sie auf, es als etwas anderes als etwas rein Zufälliges abzutun. Nur ein Zufall? Sagen wir, ich habe mir über ein bestimmtes Problem seit ein paar Wochen den Kopf zerbrochen und betrete nun einen Kosmetiksalon. Und da liegt eine Zeitschrift – sie liegt schon seit dreieinhalb Monaten da. Ich nehme sie in die Hand und finde in ihr einen fünf Seiten langen Artikel genau zu dem Thema, das mir Sorgen bereitete. Was hat es damit auf sich?

Ich kann Ihnen gar nicht sagen, wie viele Menschen mir in Briefen mitgeteilt haben, daß ihnen *Gespräche mit Gott* buchstäblich aus dem Regal in die Hände gefallen ist oder durch irgendeinen anderen glücklichen Zufall zu ihnen gelangte. So viele Menschen schrieben: »Dieses Buch trat genau im richtigen Moment in mein Leben.« Was hat es damit auf sich? Nur wenn Sie sich auf tiefer Ebene bewußt sind, wie dies funktioniert, können Sie anfangen zu verstehen, daß dies alles Teil Ihres eigenen Gesprächs mit Gott ist.

Aber der wichtigste Teil dieses Gesprächs, zu dem wir alle fähig sind und das wir alle jeden Tag führen, ist nicht so sehr das, was Gott zu uns sagt, sondern was *wir* zu *Gott* sagen. Und ich möchte noch einmal betonen, daß unser Part im Gespräch mit Gott unser gelebtes Leben ist. Die Gedanken, die wir denken, die Worte, die wir sprechen, die Dinge, die wir tun – das ist unser Gespräch. Und es gibt kein anderes. Also achten Sie darauf, daß Sie nicht das eine sagen, und das andere tun, oder das eine denken und etwas anderes sagen. Bringen Sie Ihre Gedanken, Ihre Worte und Ihre Taten in Übereinstimmung, so daß Sie denken, was Sie sagen, was Sie tun. Und dann wird Ihr Gespräch in der Tat ein heiliges Gespräch sein. Das heißt, es wird heil und ganz sein. Und Ihr Leben wird ein ganzheitliches Leben sein.

Sie haben eine Frage?

Könnten Sie im Zusammenhang mit dieser Übereinstimmung, die wir in unserem Leben anstreben sollen, noch einmal auf das eingehen, worüber Sie auch in Band 3 sprachen? Über die Diskrepanz, die zwischen unserer Technologie und unserem Bewußtsein besteht, und welchen Kurs wir in Zukunft einschlagen werden?

Ja. Wir stehen gegenwärtig wirklich an einem Kreuzweg. Wir befanden uns schon einmal in einer solchen Situation und sind nun wieder an einem Punkt angelangt, an dem die Technologie zu einer Bedrohung für uns wird und ihre Anwendungsmöglichkeit wahrscheinlich unser gegenwärtiges Verständnisvermögen übersteigt. Aber wir sind auch an einem anderen faszinierenden Punkt der menschlichen Evolutionsgeschichte angelangt, was Barbara Marx Hubbard *bewußte Evolution* nennt. Lassen Sie mich das erklären.

Bis vor kurzem schien der Prozeß, den wir Evolution nennen (die Evolution der Spezies), ein Prozeß zu sein, den wir im großen und ganzen nur beobachten. Wir sahen zu, wie sich die Evolution direkt vor unseren Augen abspielte. Wir sahen es sich ereignen. Manchmal betrachteten wir es mit einem gewissen Amüsement oder mit leichter Verwunderung. Manchmal waren wir auch von Dankbarkeit und Erregung erfüllt. Doch zumeist hielten wir uns einfach für Beobachter dieses Prozesses, der sich um uns herum ereignete.

Erst vor relativ kurzer Zeit, sagen wir, erst in den letzten zwanzig, dreißig oder vierzig Jahren, wurden wir uns nicht nur des Evolutionsprozesses, sondern auch der Rolle, die wir darin spielen, bewußt.

Erst vor relativ kurzer Zeit wurde uns bewußt, daß

wir die Art und Weise, in der wir uns entwickeln, *erschaffen*. Das bedeutet für die meisten Angehörigen der Spezies eine neue Bewußtseins- oder Gewahrseinsebene. Und damit hat ein neuer Prozeß begonnen, den man bewußte Evolution nennt. Das heißt, wir fangen an, *den Kurs und den Weg unserer Entwicklung als Individuen und als Spezies zu bestimmen.*

Das bedeutet eine gewaltige Veränderung der Art und Weise, wie Evolution stattfindet. Verstehen Sie? Das hätte nicht zu einem besseren Zeitpunkt kommen können. Denn es fällt mit einer Zeit zusammen, in der unsere Technologie unsere Fähigkeit, sie auf kluge Weise zu nutzen, zu übersteigen droht. Wir haben ja noch nicht einmal definiert, was »klug und weise« ist.

Wir sprechen über moralische Dilemmas wie das Klonen, um ein Beispiel zu nennen, oder wie die Genmanipulation, um ein anderes anzuführen. Und es gibt Hunderte von solchen Zwickmühlen – Fälle, in denen unsere Gesellschaft eine Technologie geschaffen hat, die zu nutzen wir noch nicht einmal ansatzweise gelernt haben. Und einiges von dieser Technologie ist für unsere Gesundheit, für unsere Umwelt (was dasselbe ist) und für die Art und Weise, in der wir als *Homo sapiens* auf diesem Planeten leben, extrem gefährlich.

Wir müssen uns also diesen Wettlauf gegen die Zeit ansehen und eine bewußte Wahl treffen, wie wir uns im Hinblick auf die Technologien entwickeln wollen, die bisher den Motor unserer Erfahrung angetrieben haben. Zu welchen Technologien wollen wir sagen: »Warte mal eine Minute. Moment mal. Ich denke, nicht so.« Können wir ja zu diesem und nein zu jenem sagen? Können wir eine kluge Wahl treffen und weise Entscheidungen fällen? Und können wir die höchsten Gedanken, die wir gemeinsam darüber haben, wer wir wirklich sind, als Schablone für die technologischen Fortschritte verwenden, die unsere Gesellschaft zuläßt, erlaubt, erschafft, ermutigt und erlebt?

Das ist im Grunde die dringlichste Frage unserer Zeit, und Sie hier in diesem Raum sind wie alle anderen dazu aufgerufen, sich mit ihr auseinanderzusetzen. Sie werden sie durch die Produkte, die Sie konsumieren, Ihre persönliche Wahl im Supermarkt, im Kaufhaus, in Ihrem Wohnviertel beantworten.

Sie werden diese Fragen in Ihrem Alltagsleben beantworten: Durch das, was Sie anderen sagen, in welcher Weise sie andere ermutigen, was Sie wählen, durch die Entscheidungen, die Sie mit anderen teilen, und durch die Art und Weise, in der Sie mit anderen teilen.

Ich möchte Sie dazu ermuntern, ein außergewöhnliches Buch mit dem Titel *Unser ausgebrannter Planet* von Thom Hartman zu lesen. Und wenn Sie schon dabei sind, dann lesen Sie auch Barbara Marx Hubbards Buch *Conscious Evolution*. Und als drittes Buch möchte ich Ihnen noch *Healing the Soul of America* von Marianne Williamson ans Herz legen. Diese Bücher behandeln auf sehr spezifische, sehr dynamische und stilistisch wunderbare Weise dieses Thema und vermitteln wunderbare Einsichten.

Zumindest jedoch sollten Sie sich auf die Bewußtseinsebene begeben, zu der diese Frage auffordert; ein Bewußtsein darüber, daß wir jetzt, da wir in das 21. Jahrhundert eintreten, an einem Abgrund stehen. Wir befinden uns in einem Wettlauf mit der Zeit. Wer wird gewinnen?

Die Technologie oder der menschliche Geist? Die Technologie hat schon einmal gewonnen und praktisch das Leben auf diesem Planeten zerstört – nahezu ausgelöscht. Und wir sind natürlich imstande, das wieder zu tun. Aber ich möchte Ihnen sagen, daß es wahrscheinlich nicht passieren wird. In den fünfziger Jahren hatten wir alle Angst, daß so etwas geschehen würde. Es wird nicht die eine große Explosion geben, es wird nicht so sein, daß Manhattan zerstört oder Moskau durch irgendeine Atombombe ausgelöscht wird oder so etwas in der Art. Nein, es werden heimtückische, schleichende Dinge sein, die anscheinend ein ganzes Leben brauchen, um Resultate zu zeitigen, mit denen zu leben wir uns nicht wünschen werden.

Ich denke also, daß es sehr wichtig ist, daß wir allmählich diesen langsamen, aber sicheren Aushöhlungsprozeß unserer Lebensqualität beachten. Hören wir auf, die Regenwälder abzuholzen. Können wir uns darauf einigen? Es ist wirklich relativ einfach. Und fangen wir an, eine Möglichkeit zu finden, jedermann zu ernähren, so daß nicht mehr stündlich vierhundert Kinder auf diesem Planeten sterben müssen.

Weitere Fragen?

Neale, was können wir Ihrer Meinung nach tun, um von einem ganzheitlichen Standpunkt aus Körper, Geist und Seele zu nähren... alles im Gleichgewicht zu halten?

Ich denke, heutzutage besteht die wahre Herausforderung darin, Körper, Geist und Seele *gleichzeitig* zu nähren und uns in Balance zu halten. Das ist sehr schwierig in einer Welt, die so aus den Fugen, so aus dem Gleichgewicht geraten zu sein scheint. Denn dadurch haben wir ebenfalls die Tendenz, aus dem Gleichgewicht zu geraten, allerdings umgekehrt.

Wenn wir uns zum Beispiel sehr lange Zeit in einem spirituellen Prozeß befanden, sagen wir in einer Gemeinschaft, fangen wir danach unter Umständen damit an, uns sehr stark auf unseren Körper zu konzentrieren und ganz zu vergessen, daß wir spirituelle Wesen sind. Und umgekehrt kann es manchmal passieren, daß Menschen, in deren Leben das Körperliche im Vordergrund steht und die nicht viel spirituelle Nahrung erhalten, mit intensiven Workshops oder Seminaren so tief in die Spiritualität eintauchen, daß sie sich da gar nicht mehr herausziehen können. Im Extremfall heben sie nach einem Workshop völlig ab und schweben monatelang ununterbrochen in Sphären, die keinerlei Ähnlichkeit mehr mit ihrem Alltag aufweisen. Die wahre Herausforderung besteht also darin, daß wir zu einem Ort des Gleichgewichts gelangen. Ich glaube, es war Gerald Jampolsky, der sagte: »Das Leben ist eine Frage der Balance.«

Und wir gelangen zu dieser Balance, wenn wir nicht vergessen, daß wir dreiteilige Wesen sind und daß kein Aspekt unseres dreiteiligen Wesens wichtiger oder heiliger ist als der andere. Wir sind nun mal Körper, Geist und Seele.

Manche Leute meinen gerne, daß der spirituelle Teil von uns, unsere Seele oder Geistseele, der heiligste und damit auch der wichtigste Aspekt ist. Das stimmt nicht. Der spirituelle Teil unseres wahren Wesens ist nicht wichtiger als der physische oder mentale Teil unseres Wesens, er braucht darum auch nicht mehr Nahrung.

Umgekehrt läßt sich natürlich auch sagen: Wir achten nicht genug auf unseren Körper. Wir trainieren ihn nicht. Wir halten ihn nicht in Form. Die meisten von uns schenken ihm verdammt wenig Aufmerksamkeit. Und als Folge davon tendieren die Leute vor allem in den USA zu Übergewicht und mangelnder Kondition. Und sie sterben viel früher, als sie eigentlich müßten, weil sie diesen und anderen körperlichen Bedingungen kaum Aufmerksamkeit geschenkt haben.

Wir achten auch bei weitem nicht genug auf unsere geistige Nahrung. Ich bin überrascht, wie wenige Bücher die Leute lesen. Ich habe mir angewöhnt, überall, wo ich hinkomme, die Leute zu fragen: »Wie viele Bücher haben Sie im letzten Jahr gelesen?« Wenn sie drei oder vier sagen, ist das schon eine Menge. Ich selbst lese zwanzig oder dreißig, manchmal fünfzig Bücher im Jahr. Ich will damit nicht angeben, es geht hier nur um eine Wahrnehmung. Ich dachte, daß das der Durchschnitt sei, daß es den meisten Menschen so erginge. Aber wenn ein Kerl im Jahr drei oder vier Bücher liest, ist er schon sehr stolz auf sich.

Bedauerlicherweise muß ich sagen, daß die meisten Menschen ihren Geist weitestgehend dadurch ernähren, daß sie den Fernseher anstellen. Oder sich vielleicht einen Film im Kino ansehen, wenn man das als Geistesnahrung bezeichnen kann. Aber kaum einer geht in die Bibliothek und verbringt dort einen Samstagnachmittag damit nachzulesen, was Balzac zu sagen hatte – die meisten Menschen haben das ihr *ganzes Leben* nie gemacht. Ihr Geist hungert nach etwas anderem als den Simpsons oder den Sportseiten in ihrer Tageszeitung, sie merken es nur nicht.

Die meisten Menschen nähren auch ihre spirituelle Seite nicht. Weder meditieren sie, noch widmen sie sich sonst ihren spirituellen Bedürfnissen. Sie gehen nicht so regelmäßig, wie sie könnten, in die Kirche oder Synagoge oder eine andere Gebetsstätte, manche von ihnen gehen nie. Sie achten nicht auf die Tatsache, daß sie zu einem Drittel Seele sind. Und sie widmen ihrer spirituellen Seite nicht ein Drittel ihrer Zeit und Aufmerksamkeit. Die meisten von uns nähren einen Bereich zu Lasten der anderen, statt alle drei gleichmäßig zu pflegen.

Haben Sie irgendeinen Vorschlag, wie wir das ändern können?

Hören Sie damit auf. Sie können das verändern, indem Sie zur Kenntnis nehmen, daß Sie ein dreiteiliges Wesen sind, und anfangen, ganz bewußt jedem

Aspekt Aufmerksamkeit zu schenken, selbst wenn Ihnen das Unbehagen bereitet. Geben Sie Ihre bequeme Haltung auf.

Sollten Sie sich in einer Kirche, einer Synagoge, einem spirituellen Ambiente oder beim Meditieren nicht wohl fühlen, dann lassen Sie sich trotzdem nicht davon abhalten. So habe ich übrigens mit dem Meditieren angefangen. Mir war bei dem Gedanken, mich eine Stunde lang bei Kerzenschein und sanfter Musik oder mitten in der Nacht ganz allein hinzusetzen und still bei mir zu sein, nie schrecklich wohl. Aber weil mir dieser Gedanke Unbehagen bereitete und weil ich offen gesagt nicht glaubte, das Durchhaltevermögen zu haben und eine Stunde lang still zu sitzen, habe ich es probiert. Und ich probierte und probierte, und dann hatte ich eines Tages eine außergewöhnliche Erfahrung beim Meditieren, bei der ich auf so unglaubliche Weise eine Verbundenheit mit Allem-was-Ist fühlte, daß ich jetzt regelmäßig meditiere.

Ich entdeckte hier also etwas. Das ist so wie die Entdeckung, daß Spargel doch nicht ganz so schlecht schmeckt; tatsächlich schmeckt er ausgesprochen gut. Also versuchen Sie es. Verlassen Sie Ihre Bequemlichkeitszone.

Ich bin übrigens dabei, jetzt dasselbe mit dem Körpertraining zu versuchen. Das Körpertraining und ich waren über die Jahre hinweg keine allzu guten Freunde. Aber jetzt habe ich mir zu Hause ein kleines Fitneßstudio mit ein paar Geräten eingerichtet und versuche mich dazu zu überreden, zwei- oder dreimal die Woche hinunterzugehen und ein leichtes Training zu absolvieren. Ich bin sicher, es wird Wunder wirken. Es ist wirklich ganz einfach. Da ist kein Geheimnis, keine Magie dabei. Erlauben Sie sich einfach, aufmerksam zu sein.

Was ist das innere Führungssystem?

Wir alle haben ein inneres Führungssystem, mittels dessen wir alles wissen können, was es über das Leben zu wissen gibt. Alles, was über das Leben zu wissen wirklich wichtig ist. Und wenn wir auf dieses innere Führungssystem hören, werden wir erleben, daß wir zu den perfekt richtigen Leuten, Orten und Umständen geführt werden, die darauf vorbereitet sind, uns die Gelegenheit zu geben, den großartigsten Teil dessen, wer wir sind, zum Ausdruck zu bringen.

Mir fällt es nicht schwer, auf dieses innere Führungssystem zu achten. Ich spüre es. Ich sage den Leuten oft: »Hört auf euren Bauch. Der Bauch weiß es.« Ich möchte Ihnen ein Instrument an die Hand geben, das Ihnen helfen kann, in Erfahrung zu bringen, ob Sie sich in die richtige Richtung bewegen oder ob Sie dabei sind, eine falsche Entscheidung zu treffen. Es ist wirklich ganz einfach.

Als erstes müssen Sie vom toten Punkt wegkommen. Wenn Sie merken, daß Sie »festsitzen«, daß sie weder das eine noch das andere tun, oder aus Angst, eine falsche Wahl zu treffen, vor der Entscheidung zurückscheuen, dann *treffen Sie eine Wahl.* Treffen Sie irgendeine Wahl. Machen Sie einen Schritt auf etwas zu.

Ich rate den Leuten immer, sich einfach in den Prozeß, den man »eine Entscheidung treffen« nennt, hineinzubegeben und einen Schritt hin zu etwas zu tun. Sobald Sie definitiv den Beschluß gefaßt haben, eine Sache zu tun oder nicht zu tun, eine Sache zu wählen oder nicht zu wählen, sobald Sie sich in die eine oder andere Richtung bewegen, wird Ihnen Ihr Bauch binnen weniger Augenblicke sagen, ob das der Ort ist, an den Sie sich begeben sollen oder nicht. Es ist ein inneres Führungssystem. Für mich ist es mein Bauch; bei anderen macht es sich vielleicht als Gedanke im Kopf bemerkbar. Aber wir alle verfügen über dieses innere Führungssystem.

Sie merken es, wenn Sie drauf und dran sind, etwas zu tun, und Ihr ganzes System dagegen rebelliert und sagt: »Nein, tu das nicht.« Und das hat nichts mit Angst zu tun. Es ist ein Gefühl von innerer Weisheit, das besagt: »Nicht so. Ich denke wirklich nicht, daß du das tun willst.« Oder ein inneres Wissen, das besagt: »Ja, das ist der richtige Schritt. Geh, geh, geh.« Da ist ein Gefühl von Freude. Die Seele sagt: »Ich bin dabei. Laß uns losgehen, laß uns dies tun.« Es ist ein inneres Gefühl, das aber erst in Ihnen aufsteigt, *nachdem* Sie eine Entscheidung getroffen haben, nicht davor. Die meisten Leute warten auf dieses Gefühl, diese Führung, bevor sie eine Entscheidung getroffen haben.

Nun, das ist ein Schlüssel; ich möchte das wiederholen, okay? Ich kenne viele Menschen, die beten und meditieren, und sie bitten Gott um Führung, bevor sie eine Entscheidung fällen. Ich drehe das Ganze, die ganze Idee um. Da sitzen die Leute und sagen: »O Gott, bitte hilf mir, laß mir jetzt, bevor ich diese Entscheidung treffe, Führung zukommen.« Und ich sage: »Nein, nein, nein. Trefft auf die eine oder andere Weise eure Entscheidung und hört dann auf die Führung, die ihr von jeder Zelle eures Körpers erhaltet.«

Sehen Sie, es verhält sich genau umgekehrt. Haben Sie keine Angst vor der Wahl. Treffen Sie die Wahl, dann werden Sie wissen, ob es die richtige war. Und wenn es sich für Sie falsch anfühlt, dann halten Sie inne und kehren Sie um. Fühlt sie sich richtig an, dann gehen Sie weiter. Ist das nicht eine interessante Idee?

Neale, ich habe noch ein paar weitere Fragen zum Körper, vor allem in bezug auf das Leiden. Würden Sie sagen, daß ein Zusammenbruch im physischen Körper darauf hindeutet, daß etwas auf der seelischen Ebene geheilt werden muß? Sie wissen, metaphysisch gesehen sagt man, daß eine Erkältung darauf hindeutet, daß du innerlich verwirrt bist – diese Art von Dingen. Und die andere Frage betrifft Leute, die physische Schmerzen haben, und ihre spirituelle Reise. Können Menschen tatsächlich diese Erweckungserfahrung machen, wenn sie physisch leiden, wenn sie Schmerzen haben?

Nun, die Buddhisten sagen, daß das ganze Leben Leiden ist. Und innerhalb dieses Kontexts lautet die Antwort ganz klar: »Ja.« Das Leiden ist. Leiden ist Erfahrung. Ich meine, was *Sie* vielleicht Leiden nennen, nenne ich unter Umständen nicht so. Ich zum Beispiel bin ein chronischer Schmerzpatient. Es gibt sehr wenige Augenblicke am Tag, in denen ich nicht unter Schmerzen leide. Auch jetzt, während ich vor Ihnen stehe, habe ich Schmerzen. Und doch leide ich in Relation zu den Momenten, in denen ich wirklich Schmerzen habe, im Grunde nicht unter Schmerzen. Verstehen Sie, was ich meine? Und jemand, der Ihnen das über mich erzählt, könnte sagen: »Wie macht er das? Wenn ich jetzt diese körperlichen Schmerzen hätte, könnte ich keinen einzigen klaren Gedanken fassen und schon gar keinen Vortrag halten.«

Ich will mir hier nicht selbst auf die Schultern klopfen. Ich sage Ihnen nur, wie es ist. Und so ist es bei uns allen. Wir haben hier alle dieselbe Erfahrung. Der erste Punkt ist der, daß Schmerz eine relative Erfahrung ist.

Bis zu einem gewissen Grad haben alle von uns dauernd Schmerzen. Als die Buddhisten das sagten, meinten sie es auch so. Das Leben ist Schmerz.

Schon allein unser Eingeschlossensein in dieser physischen Form stellt auf bestimmter Ebene eine Einschränkung dar und bedeutet eine Beschneidung dessen, was und wer wir wirklich sind. Schon das ist auf einer bestimmten Ebene schmerzvoll.

Doch nun komme ich zu Ihrer Frage: Ja, eine Person, die unter Schmerzen leidet, kann Augenblicke ungeheurer Erleuchtung und großen spirituellen Gewahrseins erfahren. Und manchmal ist es der Schmerz, der sie dazu treibt. Denn physischer Schmerz kann unsere Vorstellungen von dem, was wichtig ist, verändern. Und wir neigen dann dazu, uns auf das zu konzentrieren, was wirklich so ist, und darauf, wer wir wirklich sind.

Ich erinnere mich an eine Zeit, in der ich zu den Mitarbeitern von Elisabeth Kübler-Ross gehörte. Wissen Sie, wer sie ist? Gut, ich hatte das Vergnügen, eine segensreiche Phase meines Lebens mit Elisabeth zu arbeiten und zu ihrem Mitarbeiterstab zu gehören. Und ich erinnere mich, daß wir einmal eine todkranke Frau besuchten – wir machten sehr oft solche Besuche. Wissen Sie, wenn Sie wirklich etwas für Ihre Bildung tun wollen, dann besuchen Sie innerhalb einer Woche zehn Menschen, die im Sterben liegen. Und das ist nicht gerade etwas, das sich als Gelegenheit dem Normalbürger bietet, in seinem ganzen Leben nicht.

Wir besuchten also diese Frau, die im Sterben lag. Sie verlor nach und nach ihre ganze Bewegungsfähigkeit und spürte das von den Füßen aufwärts. Die Lähmung kroch ihren Körper immer höher hinauf. Jedesmal, wenn wir sie besuchten, waren weitere Funktionen verlorengegangen, bis eines Tages auch ihre Hand davon betroffen war. Dies geschah in einem Moment, in dem sie ihre kleine Enkelin, die erst ein paar Wochen alt war, auf dem Arm hatte. Sie merkte, daß sie ihre Hand nicht mehr so wie gewohnt bewegen konnte. Sie mußte also sagen: »Ich glaube, ich sollte das Baby nicht mehr halten, denn ich habe kein Vertrauen mehr in meine Fähigkeit, es festzuhalten, wenn es sich sehr stark bewegt.«

Elisabeth fragte: »Was ist das für eine Empfindung, das Gefühl in der Hand zu verlieren? Wie fühlt sich das an?« Darauf antwortete die Frau mit einem überaus gütigen Gesichtsausdruck: »Weißt du, der Augenblick, in dem ich merkte, daß meine Hand nicht mehr so funktionierte wie sonst, war gerade der, als ich zusah, wie dieser acht Wochen alte Engel seine Hand hochhob… und ich voller Entzücken beobachtete, wie das alles funktioniert. Für mich war das so, als ob ich das Leben von Hand zu Hand übergäbe.«

Nun, ich sage damit nicht, daß das im Grunde die Wirklichkeit ist, aber daß sie in ihrem Schmerz diese Metapher finden konnte, ist ein wunderbares Beispiel für das, worüber ich hier spreche. Das Maß ihrer Behinderung und der Schmerz, der damit einherging, führte sie zu einer Erkenntnis, die sie vielleicht sonst in ihrem ganzen Leben nicht so formuliert hätte. Sie sah etwas spirituell Bedeutsames in diesem Augenblick, den wir als Verlust bezeichnen würden. Ist es also möglich, daß Menschen, die starke Schmerzen haben, zu großen Einsichten gelangen? Ich denke, ja, und ich denke auch, daß es ziemlich häufig vorkommt.

Aber Sie hatten noch eine andere Frage, die ich nun völlig vergessen habe.

Ich fragte nach der metaphysischen Entsprechung zu dem, was im Körper zu einem Zusammenbruch führt. Gibt es in diesem Fall etwas auf der seelischen Ebene, das geheilt werden muß?

Gott hat zu mir gesagt, daß alle Krankheit selbst erschaffen ist. Ich glaube, daß das wahr ist. Aber offen gesagt, denke ich nicht, daß wir uns ganz schrecklich darum bekümmern sollten. Ich stehe nicht auf diese Bücher, die besagen: »Pochendes linkes Knie... Egoismus« oder: »Schmerzendes rechtes Ohr... Mangel an Verständnis«. Es sind ein paar Bücher auf dem Markt zu diesem Thema, die zutreffend sein mögen oder auch nicht. Ich möchte sie nicht abwerten. Aber ich bin mir nicht sicher, ob es uns wirklich weiterhilft, wenn wir uns in dieser Art von Ursache-Wirkung-Beziehung verfangen, denn dann können wir wieder einmal auf uns einprügeln: »Wenn ich nur nicht so oder so gewesen wäre, dann würde mein Ohr nicht derart schmerzen. Ich will versuchen, verständnisvoller zu sein, um mein Ohr zu heilen.« Verstehen Sie? Oder: »Wenn ich mehr so oder so sein könnte, und weniger das, was ich bisher war, dann könnte ich meine Milz heilen.«

Ich glaube – und so wurde mir auch gesagt –, daß dieser Zusammenhang von Ursache und Wirkung, der durchaus so vorhanden sein mag, wie manche dieser Bücher andeuten, im Grunde weitaus subtiler ist. Er ist sehr, sehr subtil, und das Ganze könnte vor dreißig oder vierzig Jahren stattgefunden haben. Den ursprünglichen Gedanken, der nun mit fünfundvierzig zu dieser inoperablen Milz geführt hat, könnte es vor langer Zeit und auf sehr viel subtilere Weise gegeben haben, als Sie sich gegenwärtig bewußt sind.

Wie können wir also angemessen darauf reagieren? Lieben Sie es. Akzeptieren Sie es. Die Sache, der Sie sich widersetzen, die bleibt bestehen. Begeben Sie sich in das Akzeptieren und sagen Sie: »Das ist es, was mir jetzt passiert. Meine Milz funktioniert nicht. Ich treffe die Wahl, diesen Zustand zu akzeptieren und zu segnen.« *Segnen* Sie diesen Zustand, und verdammen Sie ihn nicht. Lassen Sie zu, daß der Zustand einfach das ist, was er ist.

Auf diese Weise werden Sie in vielen Fällen tatsächlich das Leiden selbst eliminieren. Denn die Sache, der Sie sich widersetzen, die bleibt bestehen, und was Sie sich zu eigen machen und akzeptieren, das können Sie Ihrer Wahl nach ungeschehen machen. Doch selbst, wenn es so sein sollte, daß sich das, was Sie sich zu eigen machen und akzeptieren, nicht ungeschehen machen läßt, weil es schon zu lange existiert oder die Auswirkungen zu stark sind und es einfach nicht weggeht, dann können Sie doch, und das ist auf tiefer Ebene wahr, den *negativen Einfluß oder die negative Auswirkung,* die es unter Umständen auf Ihr Leben hat, ungeschehen machen. Und das ist es, was diese Dame mit der Hand machte. Sie sah einen Segen in dem, was eine Tragödie hätte sein können.

Ich sah zu, wie ein Meister starb, den ich in den letzten Jahren seines Lebens ein bißchen kennengelernt hatte. Ich beobachtete ihn in den letzten Monaten und Wochen seines Daseins. Und er starb einen Tod, den andere Menschen – da haben wir es wieder – den andere Menschen als äußerst schmerzvoll, sehr unbequem und als würdelos empfunden hätten. Sie wissen schon, einen Katheter und das ganze Drum und Dran. Und doch belehrte dieser Meister all die, die ihn jeden Tag besuchen kamen. Vier, fünf, sechs oder acht Schüler kamen jeden Tag, um ihn sterben zu sehen. Und dazu mußte man einen Termin bekommen. Er lachte darüber. »Wißt ihr, ich bin jetzt beschäftigter als in der Zeit, in der ich total gesund war.«

Und er wußte, was auch Kardinal Joseph Bernadine wußte – Gott segne ihn: »Es gibt noch ein weiteres Geschenk, das ich zu geben habe. In einem Leben, erfüllt von den Geschenken dessen, wer ich bin, ist hier noch ein weiteres Geschenk, das ich zu geben habe. Selbst mein Tod wird eine Bestätigung meines Lebens sein. Selbst mein Gehen wird eine Bestätigung für eine großartige Ankunft sein. Selbst mein Schmerz wird eine Bestätigung der größten Freude des Lebens sein.«

Dieser Mann war ein Meister, und ich lernte von ihm, wie man würdevoll stirbt. Er konnte mich das lehren, weil er zwar die Auswirkungen der früher in seinem Leben getroffenen Entscheidungen auf seinen Körper nicht aufheben konnte, *dies aber auch gar nicht nötig hatte.* Denn die Auswirkungen auf seinen Körper erstreckten sich in keiner Weise auf seinen Geist.

Und wenn man ihn fragte: »Haben Sie starke Beschwerden?«, sah er einen oft an und erwiderte: »Oh, nur ein bißchen.« Und man sagte: »Wie tapfer, wie stoisch.« Aber er log nicht. Für ihn waren es tatsächlich nur geringe Beschwerden, wohingegen es für mich in der gleichen Situation sicher sehr große Beschwerden gewesen wären. Er hatte die Meisterschaft erlangt und ließ nur sehr selten zu, daß die physischen Erfahrungen seines Lebens darüber bestimmten, wer er war. Das ist sehr starker Tobak. Und wir alle haben Menschen gekannt, die mit solcher Würde starben. Und nicht nur mit Würde, sondern auch mit einem solchen Geschenk für andere.

Ich will Ihnen eine letzte Geschichte über jemanden erzählen, der auch so starb. Meine Mutter war eine Heilige. Jede Mutter ist eine Heilige, aber meine Mutter war die heiligste Mutter aller Zeiten. Und ich erinnere mich noch sehr klar an den Tag und an den Augenblick, als sie starb. Als ihre letzte Stunde gekommen war, ließ sie den Pfarrer ihrer Gemeinde rufen. Er war noch ein sehr junger Mann, er kann kaum zwanzig gewesen sein. Frisch aus dem Priesterseminar entlassen. Ich bin mir nicht einmal sicher, ob er sich schon rasieren mußte. Als er kam, war uns allen klar, daß er zum erstenmal die Sterbesakramente erteilte, so nervös wie er am Skapulier herumfingerte und mit dem ganzen Öl und all den Dingen, die zu dem Ritual gehören, herummachte. Ich möchte mich hier nicht darüber lustig machen, denn für unsere kollektive Erfahrung sind Rituale sehr wichtig. Das ist keine Frage. Rituale spielen für uns alle eine überaus wichtige Rolle. Aber er hatte dieses spezielle Ritual noch nie im wirklichen Leben mit einer sterbenden Person vollzogen. Und da war er nun und ging ins Zimmer meiner Mutter, die auf der Intensivstation lag. Und dann kam er zehn, fünfzehn Minuten später wieder heraus, weiß wie ein Gespenst. »Was? Was? Was ist passiert?« fragte ich.

Und er erwiderte: »Nun, ich wußte nicht, ob ich es richtig machte. Und ich nahm das falsche Öl und versuchte, das zu korrigieren. Und Ihre Mutter sah mich an und sagte: ›Vater, entspannen Sie sich. Sie können hierbei überhaupt nichts falsch machen. Es geht um Ihre Absicht. Es geht darum, was Sie in den Moment hineinlegen. Ihr Gedanke zählt, nicht das, was Sie tun.‹« Und er sah mich an und Tränen stiegen ihm in die Augen. »Ihre Mutter hat im Sterben mich getröstet«, sagte er.

Ich will Ihnen damit sagen, daß der Tod nicht unbedingt eine Tragödie sein muß. Und ich hoffe nur, daß ich, wenn ich sterbe, dies mit einem ganz kleinen bißchen von dieser Würde tun kann. Und mit einem winzigen Teilchen von dieser Art Weisheit.

Ich habe eine Frage zu dieser »Tagesordnung« der Seele. Sie bezieht sich auf die Vorstellung, daß wir – auf einer anderen Ebene – die Orte und Dinge und Menschen, mit denen wir in diesem Leben konfrontiert werden, planen. Könnten Sie im Kontext dieser Vorstellung noch etwas dazu sagen, warum es keine Zufälle gibt? Ist der Grund dafür der, daß wir alles auf einer bestimmten Ebene schon im voraus geplant haben?

Ja. Mir wurde gesagt, daß wir eine »Tagesordnung« haben, wenn wir uns in unserem Körper inkarnieren, und daß es sich dabei um eine gemeinsam erstellte handelt. Tatsächlich befindet sich niemand von uns hier aus Zufall in diesem Raum. Wir alle haben auf einer sehr hohen Ebene beschlossen, uns zu diesem Zeitpunkt an diesem Ort einzufinden. Damit wir uns wieder einmal alle zur Kenntnis nehmen und einander darin unterstützen, die zu sein, die wir wirklich sind.

Also sind wir hierhergekommen. Wir haben eine

Vereinbarung getroffen und erfüllen heute unseren Teil daran.

Das gilt übrigens für Menschen, die zueinander freundlich sind, wie auch für die, die unfreundlich miteinander umgehen. Wahre Heiligkeit und wahre Meisterschaft besteht in der Wahrnehmung, daß es keine Opfer und keine Bösewichte gibt, und daß eine Person, die dich drangsaliert, nur eine Abmachung ausagiert, die auf einer völlig anderen Ebene getroffen wurde, damit du ausdrücken und erfahren – verkünden, werden und erfüllen – kannst, wer du wirklich bist. Deshalb haben alle Meister gesagt: »Verurteile und verdamme nicht.«

Ja, wir haben uns alle auf eine Reise begeben, die wir dieses Leben nennen. Und es ist eine Reise, deren Ziel wir zwar schon bestimmt haben, aber nicht, wie wir dahin gelangen. Und es gibt auch keine Garantie dafür, daß wir an unserem Ziel ankommen. Wir haben einfach nur eine Vorstellung davon, wohin wir uns begeben und was wir gerne tun würden. Es gibt keine Vorbestimmung in dem Sinn, daß unsere Ankunft am Ziel garantiert ist, und es gibt auch keine Garantie dafür, daß der Weg, auf dem wir dahin gelangen, genau befolgt wird.

Jede sich uns bietende Gelegenheit gibt uns eine Chance, in unserer Tagesordnung fortzufahren. Und wenn wir das nicht tun, werden wir uns weitere Gelegenheiten erschaffen, bis wir mit unserer Tagesordnung weiterkommen. Sind Ihnen schon einmal bestimmte Muster in Ihrem Leben aufgefallen, die sich immer wiederholen? Sie machen also immer weiter und weiter dasselbe, bis Sie es kapiert haben und richtig machen.

Ich habe mir fünfmal dieselbe Person eingehandelt. Ich habe fünfmal die gleiche Person in fünf verschiedenen Körpern geheiratet – bis ich schließlich begriffen habe, was ich daran begreifen sollte. Und dann war ich endlich in der Lage, diese Person nicht mehr zu heiraten. Und dasselbe galt für andere Personen und Ereignisse in meinem Leben. Ich habe mich immer wieder mit derselben Art von Ereignissen konfrontiert, bis ich es nicht mehr tat; bis ich schließlich kapierte, was es bedeutete. Wir leben also das Muster aus und suchen genau die Menschen, Orte und Ereignisse auf, die wir brauchen, um die Ergebnisse zu erzielen, zu denen uns unsere Tagesordnung aufruft. Und das kann vielleicht nicht alles in einem Leben abgehandelt werden. Tatsächlich wäre ich überrascht, wenn es so wäre. Aber das spielt keine Rolle, weil wir noch ein weiteres Leben haben und noch eines und immer noch weitere bis ans Ende der Zeit, die gar kein Ende hat. Und so wird es immer weitergehen und weitergehen für immer und ewig. Ist das nicht wunderbar?

In Band 3 spricht Gott von den hochentwickelten Wesen. Sollten wir versuchen, in dieser Weise zu agieren?

Es gibt im Universum so etwas wie hochentwickelte Wesen. »HEWs« ist das Kürzel, das ich für sie verwendet habe. Diese Wesen haben gelernt, wie man auf freudvolle und harmonische Weise mit der Natur und dem Universum koexistiert. Und sie haben gelernt, wie man ein weitgehend schmerzfreies und friedliches Leben führt, und das machen sie, indem sie sich an ein Rezept halten, das aus zwei Teilen besteht. Und dieses Rezept könnten wir, wenn wir wollten, auch hier auf unserem Planeten anwenden.

Diese Wesen leben gegenwärtig weitgehend nicht auf diesem Planeten. Ich habe noch kaum hochentwickelte Wesen bei uns beobachtet – mögliche Ausnahmen sind die, die in den Hallen des Kongresses wandeln…

…das war ein Witz.

Also, die hochentwickelten Wesen gehen folgendermaßen vor. Teil eins: Sie beobachten, was ist, und sagen, was ist. Zum Beispiel beobachte ich: Sie sitzen dort auf einem Stuhl. Und wir sprechen miteinander. Oder ich beobachte: Das Fernsehen zeigt sehr viel Gewalt. Und Kinder verbringen sehr viel Zeit vor dem Fernseher, und dann agieren die Kinder dieses gewalttätige Verhalten aus. Das ist, was ist. Oder Tabak kann Krebs verursachen. Und weil er Krebs verursachen kann, ist das Kauen oder Rauchen von Tabak wahrscheinlich nicht das Gesündeste auf der Welt. Das ist, was ist. Ich beobachte also, was ist, und sage es dann. Das heißt, ich sage die Wahrheit darüber.

Auf diesem Planeten weigern sich die meisten Menschen, wenn sie beobachten, daß etwas ist, zu verkünden, was sie sehen. Tatsächlich sagen sie manchmal genau das Gegenteil von dem, was sie sehen, aus Angst, jemanden zu verletzen oder etwas von sich selbst preiszugeben, das sie niemanden wissen lassen möchten. Wir beobachten also auf diesem Planeten, was ist, und dann lügen wir in dieser Sache. Das ist das bei den meisten Menschen übliche Verhalten, und auch in den politischen und religiösen Institutionen und so weiter ist es allgemein verbreitet.

Wenn die Nachkommenschaft in hochentwickelten Gesellschaften sich nicht gewalttätig verhalten soll, weil das nicht funktioniert, dann tun die Eltern das, was funktioniert, und setzen ihre Kinder nicht irgendwelcher Gewalt aus. Von daher wäre es in einer hochentwickelten Geselschaft ein Unding, die Kinder vier bis acht Stunden am Tag vor eine Kiste zu setzen und ihnen genau das vorzuführen, was sie nicht tun sollen. Sie sehen, es ist wirklich ganz einfach. Es ist geradezu lächerlich einfach.

Wir in unserer Gesellschaft machen eine erstaunliche Anzahl von Dingen, die nicht funktionieren. Und nicht etwa deshalb, weil wir es nicht besser wüßten. Der Irrsinn ist, daß wir durchaus wissen, daß bestimmte Dinge nicht funktionieren, sie aber trotzdem tun. Zum Beispiel setzen wir unsere Kinder täglich stundenlang vor diese Kiste, wo sie gewalttätiges Verhalten vorgeführt bekommen, und dann erwarten wir, daß sie dieses Verhalten nicht nachahmen.

Wir wissen, daß es nicht funktioniert, in Verfolgung spezifischer Interessen riesige Geldsummen in das politische System zu pumpen und dann zu erwarten, daß dieses politische System vorurteilslos und unparteiisch agiert. Wir tun es trotzdem.

Wir wissen, daß es nicht funktioniert, jeden Tag große Mengen rotes Fleisch zu verzehren und dann zu erwarten, daß unser Körper gesund bleibt. Wir tun es trotzdem. Wir wissen, daß Rauch Krebs erzeugt, und rauchen trotzdem. Ich könnte noch Hunderte solcher Beispiele nennen – wahrscheinlich Tausende, wenn ich darüber noch weiter nachdächte.

Nun, ein intelligentes Wesen muß sich hier fragen: Warum? Warum sollten wir weiterhin diese Dinge tun, wenn wir doch wissen, daß sie ganz einfach nicht funktionieren. Die Antwort darauf lautet: Ich glaube nicht, daß wir den Mut haben, unsere Überzeugungen auch zu leben. Ich glaube, wir finden es bequemer, das eine zu sagen und das andere zu tun. Ich glaube nicht, daß uns wirklich daran liegt, die höchste Version dessen, was und wer wir sind, zum Ausdruck zu bringen. Ich glaube, wir sind sehr unreife Wesen.

Im Grunde sind wir im Vergleich zu anderen fühlenden Wesen im Universum ziemlich primitiv. Wir bringen ganz einfach nicht die Willenskraft auf, eine Wahl im höchsten Sinn zu treffen. Aber wir sind auf dem Weg. Wir fangen an, uns zu verändern. So langsam tritt hier ein Wandel ein, da mehr und mehr Menschen die Dinge, über die ich hier spreche, in Frage stellen. Und wir beobachten nun auch endlich insofern eine gewisse spirituelle und ethische Führerschaft auf diesem Planeten, als wir nun in größerer Anzahl aufstehen und sagen können: »He, das funktioniert nicht. Es funktioniert ganz einfach nicht.« Warum unternehmen wir also nicht mal etwas Interessantes: Warum stoppen wir es nicht ganz einfach?

Würden Sie bitte etwas zur Rolle der Frauen und darüber hinaus zur Rolle des Weiblichen im neuen Jahrtausend sagen?

Nun, ja – das ist ein gewaltiges Thema. Und ich bin mir nicht ganz sicher, was genau Sie darüber hören wollen. Aber ich möchte folgendes dazu sagen. An einem Punkt unserer Geschichte auf diesem Planeten waren wir in unseren gesellschaftlichen Machtstrukturen weitgehend von einer Energie beherrscht, die ich die weibliche Energie nennen werde. In dieser matriarchalen Epoche waren es die Frauen, die die Entscheidungen trafen, die Institutionen leiteten und die Dinge im großen und ganzen so machten, wie sie es wollten. Und das ging so nicht nur für eine kurze Zeit, sondern für eine ziemlich lange Phase. Dann fand nach einigen Tausenden von Jahren eine Art Paradigmenwechsel statt, und wir landeten bei dem, was wir ein Patriarchat nennen, wo die Männer das Sagen hatten, die Institutionen leiteten, Machtzentren aufbauten und so weiter. In beiden Systemen gab es entweder nur das eine oder nur das andere.

Und nun, da wir in dieses neue Jahrtausend eintreten, sehen wir ein drittes Paradigma, eines, nachdem wir uns schon all diese vielen Tausende von Jahren sehnen. Eine neue Konstruktion und ein neues Paradigma, in dem sich das Männliche und Weibliche miteinander verbunden fühlen, und in dem die Rollen, die Männer und Frauen traditionellerweise voneinander trennten, nicht länger klar definiert oder geschlechtsspezifisch zugewiesen werden – Gott sei Dank.

Die Macht wird künftig in zunehmendem Maße zwischen Männern und Frauen geteilt werden. Und wir werden erleben, daß sich weltweit mehr und mehr Frauen in Positionen begeben, in denen sie Einfluß, Macht und Autorität haben, in denen sie sich kreativ entfalten und Einfluß auf die Gesellschaft nehmen können.

Das zeigt sich schon jetzt, und der Tag wird kommen, an dem wir einen weiblichen Präsidenten, einen weiblichen Papst (man stelle sich vor) und Frauen in allen bislang ausschließlich von Männern besetzten Positionen haben werden. Ein segensreicher Tag! Dann werden sowohl Männer wie Frauen fast beliebig diese Positionen einnehmen. Das wird uns zum Segen gereichen, weil wir dann eine wirkliche Balance haben.

Eine Balance, die wir schon seit sehr, sehr langer Zeit anstreben. Und wir werden sie im Kontext des Gesamtplans der Dinge, der Geschichte des Universums, in relativ kurzer Zeit erreicht haben.

Ein paar tausend Jahre sind in Relation zu den Milliarden Jahren der Geschichte des Universums ziemlich wenig. Also war der *Homo sapiens* ziemlich rasch mal hier und mal dort und fängt nun an, zu einer Balance zu kommen. Und obschon es sich im Rahmen unserer persönlichen Erfahrung wie eine sehr, sehr lange Zeit ausnimmt, handelt es sich doch nur um einen Wimpernschlag, nur ein Wispern im Leben des Universums. Wir haben also jetzt diesen Ort des Gleichgewichts gefunden, oder fangen an, zu ihm zu finden. Und das sehen wir in der Politik, das sehen wir in den Konzernen, das sehen wir im Grunde überall. Es freut mich, auf den Flügen in ganz Amerika nun auch männliche Flugbegleiter zu sehen. Das war vormals eine rein weibliche Angelegenheit, aus Gründen, die mir nie ganz einsichtig waren. Nun ändert sich das.

Mein Zahnarzt ist eine Frau, und sie ist eine wunderbare Zahnärztin. Als ich fünf oder auch zehn Jahre alt war, konnte man unter tausend Zahnärzten keine einzige Zahnärztin finden. Wir sehen nun also überall diese Veränderungen in den Berufssparten, die vormals nur Männern oder Frauen vorbehalten waren. Und vielleicht erlauben wir uns eines Tages sogar, weibliche Priester zu haben. Wäre es nicht schön, auch in den orthodoxen oder fundamentalistischen Kirchen weibliche Rabbis und weibliche Geistliche zu sehen?

Wir werden also bald anfangen, uns diese Machtpositionen auch in unseren hochheiligsten Institutionen zu teilen: im Bereich der Religion, der Politik und auf anderen einflußreichen Gebieten. Und dieser

Tag möge gesegnet sein, wie ich schon sagte, denn wir haben bisher nur ein halbes Leben geführt.

Gott weiß, daß die Männer in den letzten Tausenden von Jahren diesen Planeten nicht gerade gut verwaltet haben. Wir waren nicht sehr effektiv. Und wir brauchen diese Art von Ausgewogenheit, die weibliche Energie der Erkenntnis und Geduld, des Mitgefühls, des tiefen Gewahrseins und der außergewöhnlichen Sensibilität für die menschliche Erfahrung. Die ist Teil der weiblichen Erfahrung und weiblichen Energie in uns allen. Und ich hoffe, daß wir sie nähren, hegen und pflegen und weiterhin als größten Bestandteil dessen, was wir sind, gedeihen lassen.

Wie haben Sie entdeckt, wer Sie sind?

Die überwiegende Mehrheit der Menschen auf Erden muß sich heute nicht mehr primär auf das Überleben von Tag zu Tag konzentrieren. Für einige – zu viele, offen gesagt – gilt das zwar immer noch, aber nicht mehr für die überwiegende Mehrheit. Was steht statt dessen im Vordergrund? Die Kernfrage, die sich den Menschen heute stellt, ist nicht die Frage nach dem Überleben, sondern: »Wer ist es eigentlich, der hier überlebt? *Wer bin ich?*« Der denkende Mensch möchte das wissen, bettelt darum, es zu wissen. Das ist keine hohle Frage. Das ist eine wichtige Frage, weil die meisten Menschen keine Ahnung haben, wer sie sind. Ich meine, ich hatte bis vor sehr, sehr kurzer Zeit keine Ahnung, wer ich bin.

Schauen Sie, als ich sechzehn war, dachte ich, ich sei mein Haar. Das ist wahr. Ich dachte, ich sei mein Haar, und wenn es sich am Morgen nicht genau so legte, wie ich es haben wollte, schmiß ich die Bürste ins Waschbecken und weigerte mich, aus dem Haus zu gehen, weil so niemand wissen würde, wer ich bin.

Im Grunde hat sich im Lauf der Jahre nicht viel daran geändert. Ich wache manchmal immer noch morgens auf und denke, ich bin mein Haar.

Aber als ich achtzehn wurde, merkte ich, daß ich nicht mein Haar war. Ich trat mit der ganzen Weisheit meiner damaligen Lebensphase in mein achtzehntes Lebensjahr ein. Und ich sagte mir: »Ist es nicht verrückt, daß ich einmal dachte, ich sei mein Haar? Natürlich bin ich nicht mein Haar.« Mit achtzehn erkannte ich die Wahrheit: Ich bin mein Auto. Ich *wußte,* daß ich mein Auto war, weil ich spüren konnte, daß andere Jugendliche sich aufgrund des Autos, das ich gerade fuhr, eine Vorstellung von meiner Person machten. Einmal funktionierte mein Auto nicht, und mein Vater bot mir an, für den Abend das seine zu nehmen.

»Bist du verrückt?« fragte ich. »Nicht ums Verrecken würde ich dein Auto nehmen.« Ich meine, dann würde ja niemand wissen, *wer ich bin.*

Mein Vater fuhr ein Oldsmobile.

Heute fahre ich ein Oldsmobile.

Und die Sünden der Väter werden auf ihre Söhne überkommen.

Aber als ich einundzwanzig wurde, wuchs ich aus all dem heraus. Als ich einundzwanzig wurde, überkam mich große Weisheit. Und ich merkte: »Warte mal einen Moment, ich bin nicht mein Haar. Ich bin nicht mein Auto. Das ist doch verrückt.« Mit einundzwanzig erkannte ich die Wahrheit. Ich bin die Frau an meiner Seite.

Dieses Spiel »Ich bin die Frau an meiner Seite« spielte ich sehr lange. Es war ein köstliches Spiel. Ich *wußte*, daß ich die Frau an meiner Seite war. Ich konnte die Gedanken der anderen Menschen um mich herum spüren. Ich konnte fühlen, wie sich meine *eigenen* Gedannken, meine eigenen Vorstellungen von mir veränderten je nachdem, mit welcher Frau ich gerade Arm in Arm ging oder nicht.

Ich lebte also »Ich bin die Frau an meiner Seite« sehr, sehr lange Zeit. Und dann wachte ich eines Morgens auf und dachte: »Warte mal einen Augenblick, es kann nicht sein, daß ich die Frau an meiner Seite bin, denn dann muß ich eine multiple Persönlichkeit sein.« Denn sehen Sie, es waren so viele

Frauen. Mir wurde also klar, daß es da noch etwas Größeres geben mußte. Wer bin ich? Das möchte der Geist unbedingt wissen.

Dann wurde mir alles klar. Ich muß Ende dreißig oder Anfang vierzig gewesen sein, als es mir dämmerte. Ich kann mich noch daran erinnern, weil mein Vater eine entsprechende Bemerkung machte. »Das Kind ist endlich erwachsen geworden«, sagte er. Denn ich hatte beschlossen, und alle meine darauffolgenden Aktivitäten ließen darauf schließen, daß ich meine Arbeit bin. Eine Schlußfolgerung, zu der so viele Männer und auch manche Frauen an diesem Punkt ihres Lebens gelangen. Und Junge, ich habe dieses Spiel voll und ganz gespielt. Ich bin mein Job. Ich meine, Sie wissen, wie das aussah? Es sah so aus: He, he, he, es ist mein Job; es ist meine Arbeit; ich muß, ich habe keine Wahl, das ist meine Arbeit.

Dann erwachte ich auch aus dieser Unwirklichkeit. Eines Tages warf ich einen Blick auf mich und sagte: »Warte mal eine Minute. Ich kann nicht mein Job sein. Ich bin schon siebenmal gefeuert worden. Wer bin ich also? Wer bin ich? Wenn ich nicht mein Job bin…«

Dann kam endlich die Antwort: »Natürlich bin ich nicht die Frau an meiner Seite oder meine Arbeit oder mein Auto. Ich bin meine Familie!« Nun sagte meine *Mutter*: »Er ist endlich erwachsen geworden.« Denn ich wurde *endlich* verständig. Ich ordnete meine Wertvorstellungen neu, und ich spielte das Spiel namens »Ich bin meine Familie«. Ich bin meine Kinder und meine Ehefrau und die von mir geliebten Personen. Das ist es, wer ich bin. Auch dieses Spiel spielte ich voll und ganz.

Das sah dann so aus, wie ich mich gut entsinne, daß ich keinen Job in einem anderen Distrikt annahm, weil das nicht gut für die Familie war. Ich weigerte mich sogar, ein Haus zu kaufen, das mir sehr gut gefiel und nur ein paar Blocks weiter entfernt war, weil es sich im falschen Schulbezirk befand. Ich traf große Lebensentscheidungen, wirklich wichtige Entscheidungen, die sich auf die Vorstellung gründeten, daß ich meine Familie war.

Dann kam ich eines Tages von einer Arbeit nach Hause, die mir verhaßt war, von einem Leben stiller Verzweiflung, das ich führte, machte die Haustür auf und stellte fest, daß das Haus total leer war. Nicht nur die Menschen waren daraus verschwunden, sondern auch die Möbel. An diesen Augenblick kann ich mich noch sehr gut erinnern.

Das ist übrigens eine wahre Geschichte. Ich erfinde sie nicht. Ich erinnere mich an diesen Moment, als sei er gestern gewesen. Ich öffnete die Tür, und das Haus war leer. Mein erster Gedanke war: »Mein Gott, wir sind ausgeraubt worden.« Aber niemand bricht am hellichten Tag in ein Haus ein und nimmt sämtliche Möbel mit. Abgesehen davon waren nicht alle Möbel und Dinge verschwunden. Ich sah mich um, und da in der Ecke stand eine alte Stereoanlage, die ich in die Ehe mit eingebracht hatte. Da stand auch noch der Couchtisch von mir aus alten Junggesellentagen, und es lagen auch noch ein paar andere Sachen von mir herum.

Dann dämmerte mir, was sich ereignet hatte. Aber ich konnte es immer noch nicht glauben. Ich raste hinauf ins Schlafzimmer und machte ihren Teil des Schrankes auf. Alle ihre Kleider waren verschwunden. Ich machte meinen Teil des Schrankes auf. Alle meine Klamotten waren noch da. Da erkannte ich die schreckliche Wahrheit: Der Dieb war eine Frau.

Es ist schon erstaunlich, was unser Verstand alles anstellt, um uns daran zu hindern, sich das, was sich genau vor unserer Nase abspielt, anzuschauen. Ich konnte nicht mehr darüber lachen. Ich ging hinunter, setzte mich auf den Teppich im fast leeren Wohnzimmer und rief: »Mein Gott, was hast du mit mir vor? Und wer bin ich?«

Sehen Sie, ich dachte, ich sei all das. Ich dachte, ich sei all dieses Zeug. Und nun war all dieses Zeug verschwunden. Wer bin ich? Der ewige Aufschrei der menschlichen Seele. Wer bin ich?

Die Antwort findet sich nicht außerhalb von uns.

Ganz offensichtlich findet sie sich nicht in den Menschen und Orten und Dingen unseres Lebens. Die Antwort liegt im Innern. Und das ist die ganze Botschaft von *Gespräche mit Gott.*

Ich möchte Ihnen allen sagen, was für eine große Freude es für mich war, diese Augenblicke mit Ihnen zu teilen. Wie gut und schön es war, hier mit Ihnen zur selben Zeit am selben Ort zu sein. Und ich möchte Sie dazu ermuntern, nun hinauszugehen und die Welt mit der tiefsten Wahrheit zu berühren und jedermann zur Erkenntnis seines wahren Wesens zu bringen. Geben Sie die Menschen sich selbst zurück, und lassen Sie uns gemeinsam die Welt unserer großartigsten Vision erschaffen.

Seid gesegnet.

Nachwort

In den letzten fünfzehn Jahren wollte ich nichts weiter als den Leuten helfen, Gott (und damit das *Leben*) tiefer zu verstehen, weil ich so viel Traurigkeit und Leiden in der Welt sehe und weiß, daß *das alles so nicht gedacht war.*

Wie ich nun schon wieder und wieder gesagt habe, wurde dieser große Wunsch durch meine *Gespräche mit Gott*-Erfahrung ausgelöst – einer direkten Interaktion mit dem Göttlichen, die mein Leben auf immer veränderte. Ich habe versucht einen Weg zu finden, um das *weiterzugeben,* was zu erinnern mir durch diese Erfahrung aufgegeben war, und deshalb habe ich seit 1995 siebenundzwanzig Bücher geschrieben. Aber selbst eine solche Menge an schriftlichem Material kann die Einsichten und Erkenntnisse nicht so wirksam ins Leben der Leute tragen, wie es durch den persönlichen Kontakt und das persönliche Gespräch geschieht.

Deshalb habe ich das *Conversations with God*

Spiritual Mentoring Program zusammengestellt. Ich habe vor, jeden Teilnehmer und jede Teilnehmerin drei Monate lang persönlich dabei zu begleiten, die wesentlichen Botschaften von *Gespräche mit Gott* zu erkunden, wobei die drei unterschiedlichen Themen in jeweils dreißig Tagen abgedeckt werden sollen.

In diesem Programm werden wir in sechsunddreißig Lektionen, drei pro Woche, erforschen, wie wir mit Veränderung umgehen (*Mastering Change*), wie wir Glück finden (*Mastering Happiness*) und wie wir das Jetzt erleben können (*Mastering Now*). Ich werde mich jeden Monat einmal persönlich mit Ihnen *und nur mit Ihnen* unterhalten, um zu besprechen, was Sie gelernt haben – und am wichtigsten, wie es sich in Ihrem Alltagsleben umsetzen läßt.

Zudem werden Sie jeden Monat auch drei Telefonate mit meinen handverlesenen und persönlich ausgebildeten *Gespräche mit Gott*-Lebensberatern führen – liebe Freunde, die jahrelang mit mir gearbeitet haben und das Material ebenso gut verstehen wie ich. UND … ich werde einmal in jedem Monat ein Gruppengespräch mit allen ermöglichen, so daß wir gemeinsam über die Herausforderungen, mit denen wir konfrontiert sind, sprechen und unsere Gedanken über neue Richtungen und Lösungen austauschen können.

Jetzt ist es für alle von uns an der Zeit, unsere »Kämpfe« mit den alten Dämonen namens Angst, Wut, Groll, Frustration, Enttäuschung und schwächendem emotionalem Schmerz zu beenden. Ziel des *Spiritual Mentoring Program* ist es, diesen negativen Erfahrungen ein Ende zu bereiten und das Leben in das zu verwandeln, *was es schon immer sein sollte*: Ausdruck wahrer Selbst-Erkenntnis und Selbst-Verwirklichung. Diese entstammen einem Ort tiefen inneren Friedens und der Harmonie – und wir verdanken sie einem umfassenderen Verständnis vom Prozess des Lebens und seinem Ziel und Zweck.

Ich hoffe, Sie werden diese Reise mit mir unternehmen. Sie wird ein hohes Maß Ihrer Zeit und Ihrer Ressourcen fordern, aber es könnte sich sehr lohnen. Vielleicht sehr viel mehr, als Sie sich je vorstellten. Mehr darüber erfahren Sie unter:

http://nealedonaldwalsch.com/index.
php?p=Doc&c=mentor

Ich möchte Ihnen auch von *The Homecoming* erzählen, einem anderen Programm, das mir die Gelegenheit gibt, mich informell mit Leuten zusammenzusetzen, ohne starres Programm oder rigide Agenda, ohne »Endprodukt« und ohne Ergebnis, das irgend jemand herbeizuführen versucht – nur die reine, freie

Erfahrung, die durch ein Maximum an Synergie und die totale Abwesenheit von Förmlichkeit bewirkt werden kann. Kurzum, es handelt sich um eine Diskussion mit offenem Ausgang, eine großartige Erkundung, als Diskurs und als Austausch gedacht, mit einer Handvoll von Leuten (nie mehr als vierzehn, oft weniger) zweimal im Jahr bei mir zu Hause.

Dabei werden Sie sich jeden Nachmittag und Abend im Wohnzimmer meines Hauses in Ashland, Oregon, zu einem offenen Gespräch mit mir zusammensetzen. Es stehen Ihnen Zweibettzimmer zur Verfügung, für alle Mahlzeiten ist gesorgt. Am Samstagabend wird die Gruppe in einem der wunderbaren Restaurants in Ashland gemeinsam zu Abend essen und sich dann eine Vorstellung des weltberühmten Ashland Shakespeare Festivals ansehen.

Diese fünf Tage bieten einen unvergleichlichen persönlichen Zugang zum Inhalt der neun *Gespräche mit Gott*-Bücher (und zu allen anderen Themen, über die jemand sprechen oder die jemand tiefergehend anschauen möchte). *The Homecoming* ist eine Gelegenheit für eine begrenzte Zahl von Leuten, die über die Zeit, die Energie, die persönlichen Ressourcen und die Fähigkeit verfügen, ihrem Wunsch folgend eine so einzigartige Erfahrung gemeinschaftlich zu erschaffen.

Sie können weitere Informationen erhalten, wenn

Sie in der Betreff-Zeile »Homecoming« eingeben und mir persönlich eine E-Mail schicken unter:

neale@nealedonaldwalsch.com

Schließlich kommt mir noch der Gedanke, daß Sie, nachdem Sie diesen Text hier gelesen haben, vielleicht gerne wissen würden, wie Sie ganz praktisch gesehen die Erfahrung Ihres wahren Selbst machen, wie ich es bezeichnet habe, und wie Sie von *dieser Erfahrung ausgehend* Ihr Dasein leben können. Es ist ja nicht jeder in der Lage, an einem Retreat oder an einer speziellen Zusammenkunft in meinem Haus teilzunehmen. Daher freut es mich, Ihnen sagen zu können, daß aus der *Gespräche mit Gott*-Kosmologie eine konkrete *Methode* hervorgegangen ist, die es uns allen ermöglicht, ein freudvolles, spirituell orientiertes Leben zu führen. Diese Methode wird in allen wunderbaren Einzelheiten in *Wenn alles sich verändert, verändere alles. Inneren Frieden finden in schwierigen Zeiten* beschrieben, einem Buch, das es zwei Wochen nach seinem Erscheinen in den USA im Mai 2009 in die Bestsellerliste der *New York Times* schaffte.

In einer bemerkenswerten Kombination aus moderner Psychologie und zeitgenössischer Spiritualität ist dies ein Exkurs, der lebensverändernde Auswirkungen haben könnte. Sollte Ihr Dasein in den letzten Jahren eine unerwartete, unerbetene, ungewollte Wendung erfahren und Sie gezwungen haben, Ihrem Leben auf völlig neue Weise zu begegnen, dann könnte dieses Buch für Sie außerordentlich hilfreich sein.

Sollte Ihnen eher eine interaktive Vorgehensweise zusagen: Wir führen *Change Everything Spiritual Renewal Retreats* durch, an denen Leute aus der ganzen Welt teilnehmen. Basierend auf den *Gespräche mit Gott*-Botschaften sind sie vor allem für jene gedacht, die sich das Leben, das sie gegenwärtig führen, ganz genau ansehen und die nach Wegen suchen, um eine wirkliche Veränderung in ihrem Erleben herbeiführen zu können. Mehr Informationen über diese Retreats finden Sie unter:

www.nealedonaldwalsch.com

Auf dieser Website finden Sie auch im *Messenger's Circle* unter *Ask Neale* Antworten auf viele Fragen zu den Themen, die im hier vorliegenden Buch angesprochen wurden. Wenn Sie mit der Energie von *Gespräche mit Gott* »in Kontakt« bleiben möchten, können Sie dies leicht tun, indem Sie dem *Messenger's Circle* auf dieser Website beitreten.

Ich danke Ihnen, daß Sie mich über all diese Möglichkeiten berichten ließen. Ich hoffe, daß wir alle über diese und andere Wege noch mehr über ein ganzheitlich geführtes Leben, den rechten Lebenserwerb, über wunderbare Beziehungen und all die hier erkundeten Dinge lernen können.

Es war einmal eine Zeit, in der wir alle glücklich und fröhlich waren, ganz Ausdruck unserer selbst. Wir bewegten uns durch unsere Tage und Zeitläufte und fühlten uns heil und ganz, lebten heil und ganz und waren heil und ganz. Wir verstanden uns als Teil eines Ganzheitlichen Systems und taten als Einzelne nichts, das sich auf uns als Kollektiv negativ ausgewirkt hätte. Wir wussten, wie man ohne Erwartung, ohne Angst, ohne Bedürftigkeit lebt; wie man lebt, ohne Macht über einen anderen auszuüben oder besser als ein anderer sein zu wollen. Wenn wir an diesen Ort, in diesen Zustand, zurückkehren können, können wir unser Leben und auch die Welt heilen.

Wir können Angst in Begeisterung umwandeln, Sorge in Staunen, Erwartung in Vorfreude, Widerstand in Akzeptanz, Enttäuschung in inneren Frieden, Zorn in Engagement, Suchtabhängigkeit in Vorliebe, Bedürftigkeit in Zufriedenheit, Urteil in Beobachtung, Traurigkeit in Glücklichsein, Denken in Gegenwärtigsein, automatische Reaktion in bedachte Aktion, und eine Zeit des Aufruhrs in eine Zeit des

Friedens. Das ist das Versprechen von *Wenn alles sich verändert, verändere alles;* das ist das Ziel des *Spiritual Mentoring Program;* und das ist das Potenzial von *The Homecoming.*

Jetzt ist es an der Zeit, daß Sie die lebensverändernden, die Realität verwandelnden *Gespräche mit Gott*-Botschaften auf tiefergehend und nachhaltiger in Ihr Leben einbringen. Ich hoffe, Sie werden die Einladung annehmen, dies mit Hilfe eines der oben angebotenen Werkzeuge zu tun.

In Liebe und Anteilnahme

Neale Donald Walsch
Ashland, Oregon
März 2010

Der Autor

Neale Donald Walsch arbeitete als Journalist und Verleger, war Programmdirektor eines Rundfunksenders, Pressesprecher und gründete eine erfolgreiche Werbe- und Marketingfirma. In einer schweren Krise richtete er seine Stimme an Gott. Dadurch erfuhr sein Leben eine entscheidende Wendung. Was er als Ende seines Lebens empfunden hatte, erwies sich als spiritueller Neuanfang. Anschauliches Zeugnis dieser geistigen Öffnung sind die »Gespräche mit Gott«. Heute widmet sich Walsch ganz der Aufgabe, die Botschaften seiner Bücher durch Publikationen, Vorträge und Retreats für spirituelle Erneuerung zu verbreiten. Er gründete die »School of the New Spirituality« und rief die »Group of 1000« ins Leben, eine nicht auf Profit ausgerichtete Organisation, die weltweit spirituelles Erwachen vorantreibt. Walsch lebt in Ashland, Oregon.